Michael Martin & Sonja Heller

SAUERLÄNDER.
Besser geht's nicht.

Alles, was man über die Eingeborenen
der tausend Berge wissen sollte

WOLLVerlag

Impressum

© WOLL-Verlag, Hermann-J. Hoffe
Kückelheim 11, 57392 Schmallenberg

Idee und Text: Michael Martin
www.michaelmartinschreibt.com
Grafik, Illustration und Layout: Sonja Heller
www.designbrandung.de
Lektorat: Jens Feldmann

Druck: CPI books. www.cpibooks.de
1. Auflage November 2018
2. Auflage Januar 2019

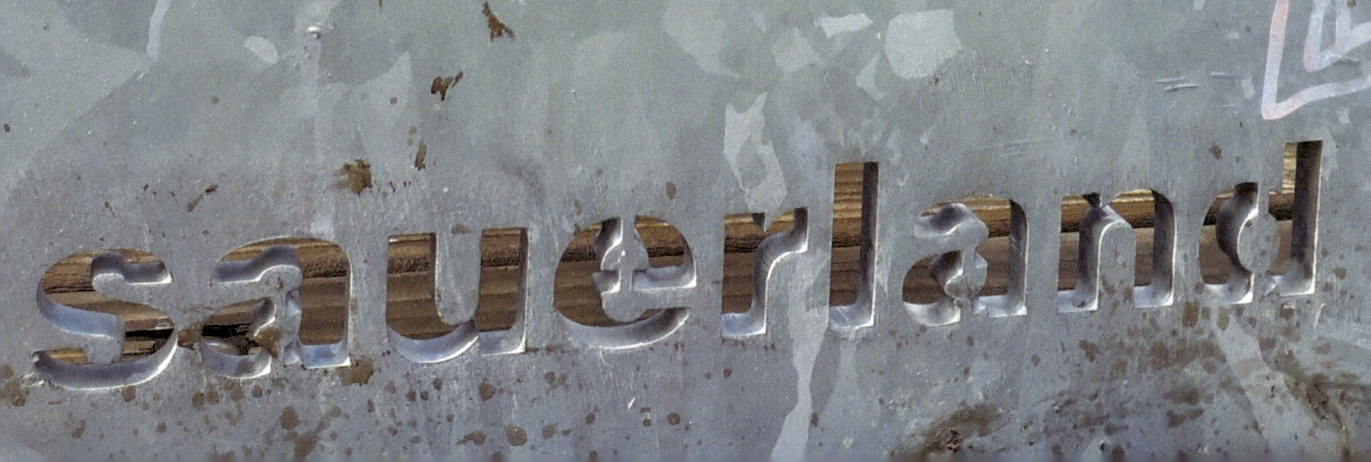

Inhalt .... SEITE

JENSEITS DER SCHUBLADE

Wenn man an andere Länder und deren Bewohner denkt, fallen einem oft nur Stereotype und Schubladen ein. Alle Franzosen tragen Baskenmützen, leben von Fröschen auf extralangem Brot und vertreiben sich die Zeit mit Flirten und Fremdgehen. Engländer kommen mit Melone und Regenschirm zur Welt, sind ein wenig blass um die Nase und würzen ihr Essen mit Wasser, die Holländer radeln holzschuhstrampelnd zur Arbeit in die Käsefabrik und kiffen lieber, statt Kaffee zu trinken.

Auch deutsche Landsmannschaften lösen in vielen Köpfen oft ganz bestimmte Bilder aus, selbst wenn diese längst überholt sind. Da tummeln sich die dauerjodelnden Bayern in Dirndln und Lederhosen, schaben bauernschlaue schwäbische Häuslebauer Spätzle und schweigsame Bauern aus Westfalen polieren ihre Kartoffeln. Und wenn man die Ohren spitzt, erkennt man sie sogar an ihrer Sprechweise: den babbelnden Hessen, den über spitze Steine stolpernden Hamburger oder den verbibbschten Sachsen. Wie aber stellt die Welt sich einen typischen Sauerländer oder eine typische Sauerländerin vor? Da zucken die über sieben Milliarden Menschen auf diesem Planeten bislang noch mit den Schultern und kratzen sich fragend am Hinterkopf:

»Sourlander? Isn't that a kind of sausage?«

Die folgenden Kapitel sollen daher ein wenig Licht ins Dunkel um die Sauerländer Wesensart bringen und der Weltöffentlichkeit die stolzen Eingeborenen der tausend Berge erstmals ganz aus der Nähe vorstellen. Dazu braucht man allerdings ein paar Seiten mehr, denn Sauerländer passen einfach nicht in eine herkömmliche Standardschublade. Außer vielleicht die Kurze von Schauertes, die hat nämlich eine Eins in Turnen und is wahne gelenkig, woll.

Universität Freisemicke
Fachbereich Anthropologie

Welchen Aussagen über die Eingeborenen des Sauerlands stimmen Sie zu?
Bitte Zutreffendes ankreuzen.

Sauerländer: Besser geht's nicht!

☐ stimme zu

☐ stimme voll und ganz zu

☐ uneingeschränkt richtig

☐ kann ich so unterschreiben

Sauerländer sind die Klügsten, Schönsten und Besten

☐ des Universums

☐ auf diesem Planeten

☐ der Erde

☐ der Welt

Sauerländer sind

☐ die Krone der Schöpfung

das Gelbe von

☐ 1   ☐ 2   ☐ 3 Eiern

☐ das Mett der Wurst

☐ die Quadratur des Kreises

Von der Teilnahme ausgeschlossen sind Mitarbeiter der Universität Freisemicke sowie deren Angehörige, außer Helmut. Kugelschreiber nach Ausfüllen des Fragebogens freiwillig zurückgeben. Abschreiben gildet nicht.

SAUERLÄNDER: BESSER GEHT'S NICHT.

Die Sauerländer sind einfach die Besten. Vom lieben Gott nach seinem Ebenbild erschaffen aus Mutter Erde und Vater Durst. Die Krönung vonner Schöpfung. Das Gelbe von zwei bis drei Eiern. Das Mett in der Wurst. Und dazu noch die klügsten, die schönsten, die härtesten und die bescheidensten Menschen der Welt, vor allem der westfälischen Hemisphäre.

Diese überraschenden Ergebnisse erbrachte eine repräsentative Umfrage, die 2018 von Wissenschaftlern des Fachbereichs Anthropologie der Universität Freisemicke an mehreren Orten im Sauerland durchgeführt wurde. Genauer gesagt, auf dem Schützenfest in Röhrenspring, auf Rudis und Ingeborgs Polterabend und am Seniorenstammtisch bei Schacka in Schmallenberg. Wobei die Senioren sogar steif und fest behaupteten, früher wären die Sauerländer noch viel besser gewesen. Vor allem in Schmallenberg.

Wer jetzt also über den angeblich ach so arroganten Buchtitel meckert oder sogar behauptet, dass die Tabellenspitze der Typenliga den Bewohnern einer anderen Region gebührt, sollte sich was schämen. Schließlich ist die Aussage »Besser geht's nicht« keine willkürlich aus der Luft gegriffene Übertreibung, sondern sie basiert auf rein wissenschaftlichen Forschungsergebnissen. Wer trotzdem noch weiter rumnöhlt, kriegt es mit Ömmes Schulte zu tun, lässt Ömmes ausrichten.

Rüthen

Warstein

Marsberg

Menden

Iserlohn

Meschede

Sundern

Willingen

Werdohl

Eslohe

Lüdenscheid

Medebach

Kierspe

Attendorn

Schmallenberg

Winterberg

Olpe

VOM WAHNSINN UMZINGELT

Wir befinden uns im 21. Jahrhundert. Die ganze Welt wird von Kappesköppen, Warmduschern und Tofugrillern bevölkert. Die ganze Welt? Nein! In den tausend Bergen des waldreichen Sauerlands kommen nach wie vor nur die Harten in den Garten. Umzingelt von dreisten Oberbergischen, schwatten Püttologen, kirmessüchtigen Soestern, frommen Paderbornern und gemeinen Siegerländern leisten die tapferen Sauerländer Eingeborenen schon seit Generationen erfolgreich Widerstand gegen alles, was nicht inne Tüte kommt.

Dabei hilft ihnen ein magischer Zaubertrank aus quellfrischem Wasser, Gerste und Hopfen, von weisen Druiden nach alten Geheimrezepten gebraut. Frisch gezapft und reichlich genossen verleiht er den Sauerländern einen unerschütterlichen Glauben an die eigene Unbesiegbarkeit. Wie ihre Seelenverwandten – das renitente Völkchen der Gallier – lieben sie die Wildschweinjagd und feiern gerne tagelang zusammen. Einen Häuptling brauchen die Sauerländer allerdings nicht, da jeder von ihnen schon von Geburt an genau weiß, wo 's langgeht.

WIESO EIGENTLICH "SAUERLAND"?

Woher das Sauerland seinen Namen hat, weiß niemand so ganz genau. Es gibt dazu zwar mehrere Theorien, doch eine amtlich beglaubigte Taufurkunde für die Region wurde bislang nicht gefunden. Die einen Historiker vermuten, dass Karl der Große »Das war mir ein sauer Land« seufzte, nachdem er und seine Franken sich mit den heidnischen Sachsen gekloppt hatten, die damals die tausend Berge beherrschten. Eine andere Fraktion glaubt, dass das Sauerland ursprünglich Süderland hieß, weil ebenjene Sachsen den südlichen Gau ihres Reiches so nannten. Durch Lautverschiebung sei dann im Laufe der Jahrhunderte daraus erst Suderland, dann Suerland, Surland und zu guter Letzt das Sauerland geworden.

Vielleicht hieß es früher aber auch Suirland, so getauft von den Kelten, die anno Tuck an Ruhr und Lenne hausten. In der keltischen Sprache bedeutet *Suir* nämlich Wasser, Quelle oder Bach. Und Wasser gibt's im Sauerland nun wirklich reichlich. Von unten wie von oben. Eine andere Theorie geht davon aus, dass das Sauerland nach den Sugambern benannt wurde, dem Germanenstamm, der die Kelten später aus der Region Lenne vertrieb. Demnach wurde aus dem Sugamberland irgendwann das Sugerland und dann das Surland. Womit sich die Katze in den Schwanz beißt, denn Surland könnte laut Expertenmeinung ja schließlich auch aus Süderland entstanden sein.

Könnte es aber nicht auch sein, dass schon die frühen Neandertaler, die das Sauerland zuerst bevölkerten, ihm seinen Namen gaben? Sie lebten, wie zahlreiche Funde beweisen, in sicheren Höhlen, wo sie Schutz vor Unwettern und wilden Tieren fanden. Nun wird es aber selbst den härtesten Höhlenmenschen nach einer Weile ziemlich langweilig im Dunkeln. Außerdem ist es ständig arschkalt und statt Zentralheizung gibt es nur ein kleines Feuerken aus Mammutkacke, das die Höhle so richtig vollömmelt. Und immer dann, wenn man kurz mal raus ins Warme oder einfach nur an die frische Luft will, ist es draußen vor dem Eingangsloch wieder mal volle Kanne am Plästern. Das macht einem auf Dauer doch arg zu schaffen und die Neandertaler oft so richtig sauer. Sauer auf die Plästerei, die stinkende Höhle und die zankenden Neanderkinder hinten in den Stalagtiten. Daher nannten sie ihre Heimat irgendwann *Sauerland*.

Beweisen lässt sich das natürlich nicht, doch wer einmal an einem Tiefdrucktag durch eine Sauerländer Fußgängerzone schlendert und genauer unter die Regenschirme blickt, kann das Saure der Ureinwohner auch heute noch in den Gesichtern der Menschen entdecken.

KLEINE LANDESKUNDE

Landesflagge:	Fichtengrün auf Regengrau
Nationalhymne:	Sauerland von Zoff
Volksheld:	der starke Hermann
Landesmotto:	Willze machen?
Sprache:	Sauerländisch
Gesellschaftsform:	Schützenmonarchie
Fläche:	303 wunderschöne Quadratkilometer
Einwohner:	etwa 890 000 incl. Buiterlinge, also Zugezogene
Bevölkerungsdichte:	3 Einwohner und 9 Kühe pro Quadratkilometer

Kahler Asten

Langenberg

Poppenberg

Währung: .... Öcken, Jacken und Handschlag
Nationalgerichte: .... Krüstchen, Dicke Sauerländer, Hasenbütters
Nationalgetränke: .... Pils und Verteilerken
Nationalsportarten: .... Pöhlen, Schlickern und Hüppen
Bekannteste Orte: .... Faulebutter, Hundesossen, Mollseifen
Höchste Erhebungen: .... Langenberg (843m) und Kahler Asten (842 m)
Zweideutigste Erhebungen: .. Jittenberg (452m), Poppenberg (746m),
 Wixberg (430m), Schwengelhahn (420m)

Wixberg

Jittenberg

Schwengelhahn

NATIONALHYMNE

Ein Bauer stand im Sauerland und
dachte drüber nach,
dass Hühner auf der Stange sitzen,
Tauben auf dem Dach.
Inzwischen in sein' Hühnerstall,
da tobt der Fuchs ganz munter
und holt die Hühner
nach und nach
von ihrer Stange
runter.

In Finnentrop ist dunkel,
In Küntrop noch viel mehr,
In Hundesossen wird auf
Touristen geschossen
Und trotzdem kommen jedes Jahr mehr.

In Winterberg lebt ein Gartenzwerg,
Der ging sich in Züschen einen zischen.
Er hat sich verlaufen nach Schmallenberg,
Das ist ganz schön weit für'n vollen Zwerg.

*Sauerland, mein Herz schlägt für
das Sauerland.
Begrabt mich mal am Lennestrand,
Wo die Misthaufen qualmen,
da gibt's keine Palmen.*

*Sauerland, mein Herz schlägt für
das Sauerland.
Vergrabt mein Herz im Lennesand,
Wo die Mädchen noch wilder als die Kühe sind.*

In Stachelau tobt die wilde Sau,
Da kommen alle Bauern aus Krombach.
Und nach der Feier verprügeln sich alle,
Da freut man sich schon 's ganze Jahr drauf.

In einer Baracke in Kalberschnacke,
Da übt die Kapelle der Feuerwehr.
Sie machen viele Stunden
Radetzkymarsch
Und fünf Kisten Warsteiner leer.

*Sauerland, mein Herz schlägt für
das Sauerland.
Begrabt mich mal am Lennestrand,
Wo die Misthaufen qualmen,
da gibt's keine Palmen.*
*Sauerland, mein Herz schlägt für
das Sauerland.
Vergrabt mein Herz
im Lennesand,
Wo die Mädchen
noch wilder als
die Kühe sind.*

»Sauerland« von Zoff

SAUERLÄNDER KÖRPERWELTEN

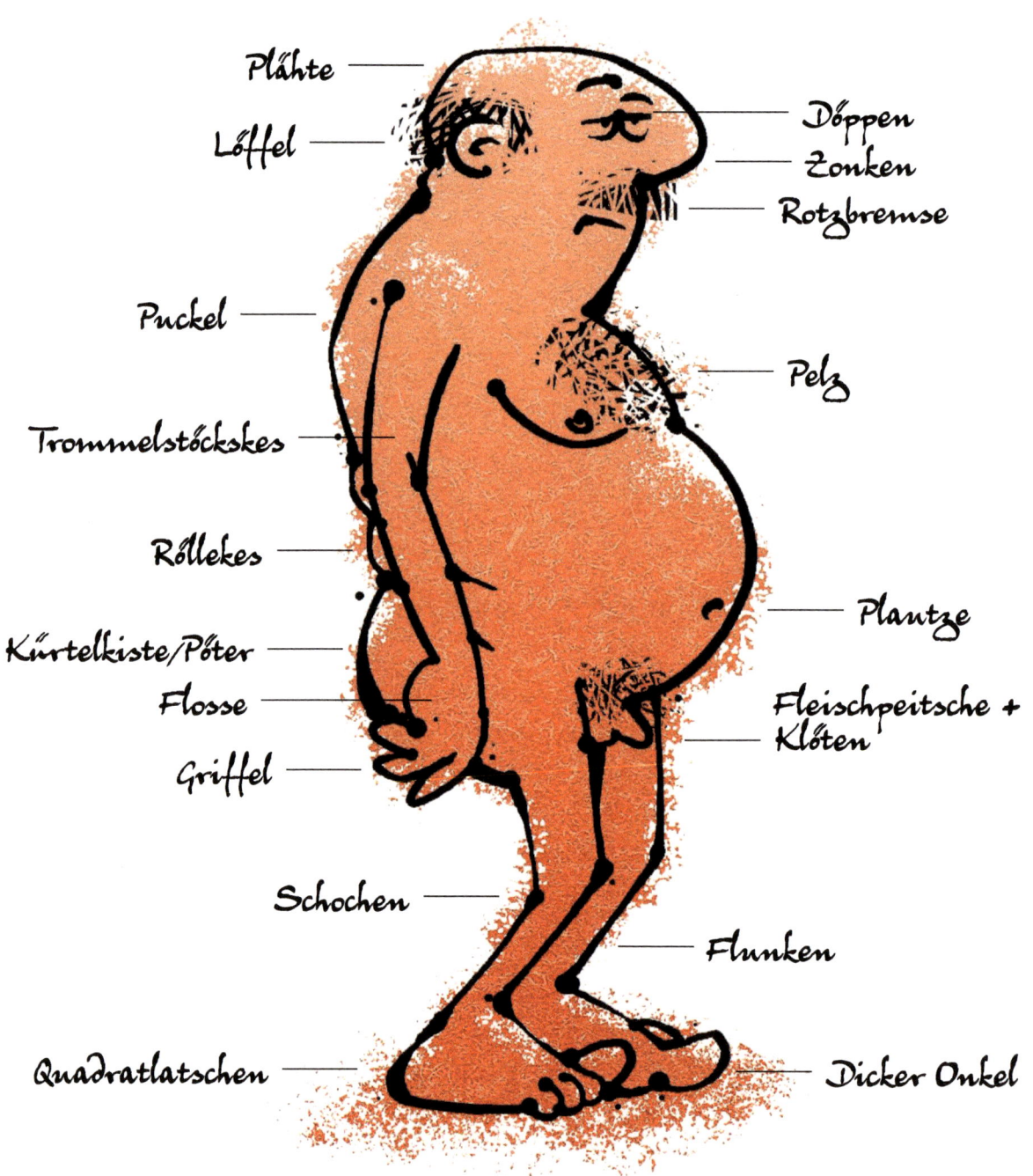

Plähte

Löffel

Döppen

Zonken

Rotzbremse

Puckel

Pelz

Trommelstöckskes

Röllekes

Plantze

Kürtelkiste/Pöter

Flosse

Fleischpeitsche +
Klöten

Griffel

Schochen

Flunken

Quadratlatschen

Dicker Onkel

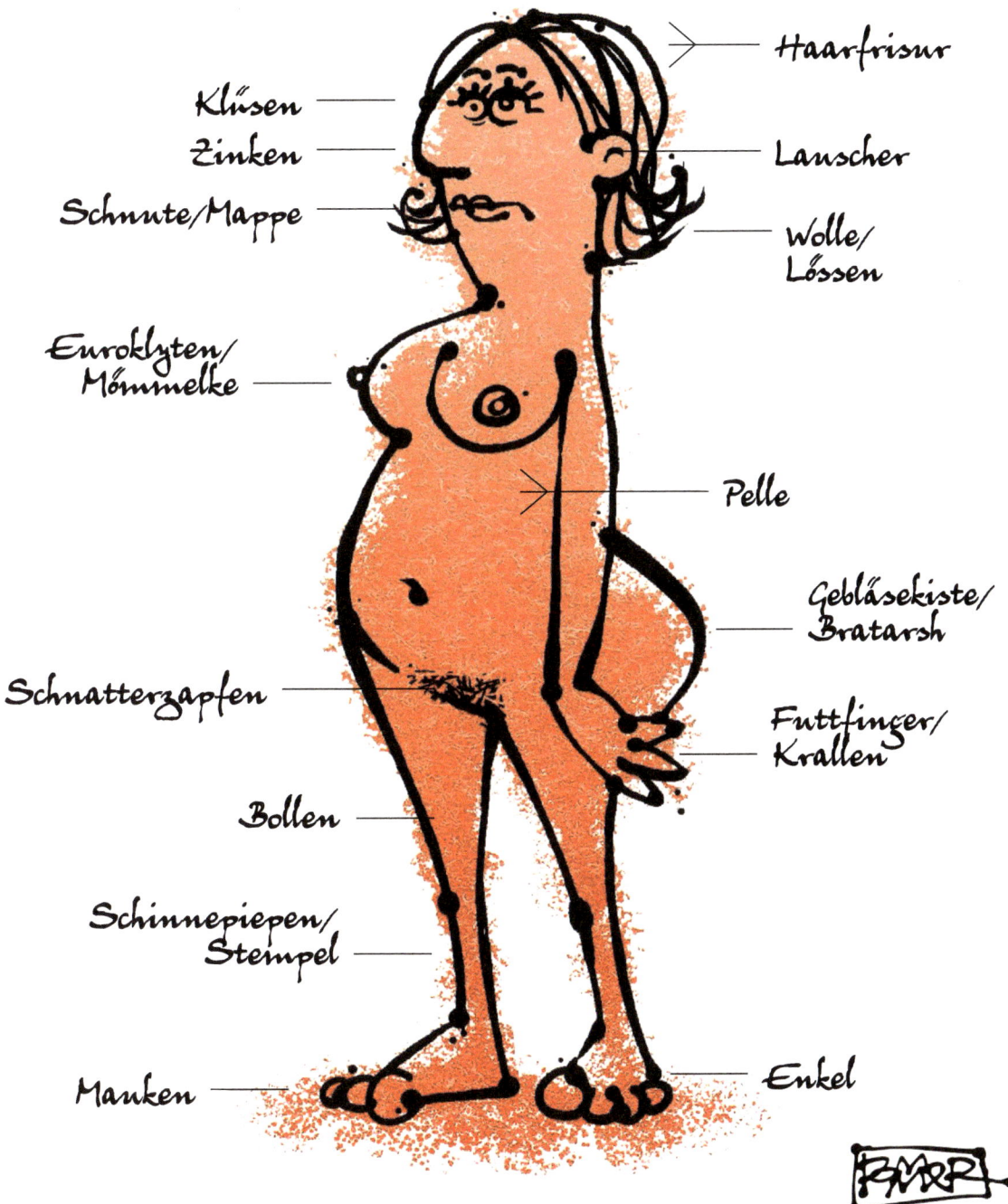

Klüsen

Zinken

Schnute/Mappe

Euroklyten/
Mömmelke

Schnatterzapfen

Bollen

Schinnepiepen/
Stempel

Mauken

Haarfrisur

Lauscher

Wolle/
Lössen

Pelle

Gebläsekiste/
Bratarsh

Futtfinger/
Krallen

Enkel

SAUERLÄNDER

100% Waschecht
100% Astrein
100% Naturfaser
100% Muckelich

GEBRAUCHSANLEITUNG

Sauerländer gibt es in den Ausstattungsvarianten weiblich, männlich, intersexuell und auf Wunsch auch mit ohne alles.

Nach Anlieferung vorsichtig auspacken, Weichteile entwirren, Füße anschrauben und bei der Endmontage das Gesicht nicht mit dem Gesäß verwechseln.

Sauerländer nach dem Einschalten kräftig schütteln, bis im Oberstübchen das Licht angeht. Bleibt es dunkel, handelt es sich leider um einen Siegerländer.

Sauerländer verfügen über das eingebaute Sparprogramm *KniepichPlus* und sind dadurch besonders niedrig im Verbrauch. Per Knopfdruck können Sie Ihren Sauerländer so einstellen, dass er jeden Cent bis zu zehnmal umdreht, bevor er ihn ausgibt.

Sauerländer sind werksseitig mit allen Wassern gewaschen und auch bei Regen uneingeschränkt funktionstauglich.

Sauerländer sind Allesfresser. Sollten Haare und Augen an Glanz verlieren, bitte Gemüse, Tofu und Sojasprossen durch fette Blutwurst und frisches Mett ersetzen.

Sauerländer nach der Fütterung mehrfach auf den Rücken klopfen und beim Bäuerchen sicherheitshalber Gehörschutz tragen.

Ausgewachsene Sauerländer regelmäßig mit den landesüblichen Kraftstoffen Pils (normal) und Korn (super) versorgen, während örtlicher Schützenfeste bitte kurz den Turbo zuschalten.

Sauerländer nach Ablauf des Haltbarkeitsdatums einfach mit dem Arsch nach oben begraben und als Fahrradständer benutzen.

Warnhinweis:
Sauerländer nicht reizen, ihnen auf den Sack gehen oder am Pils packen, sonnz gibt's schnell was auffe Zwölf.

CHARAKTERKÖPPE

Ob »Harry Potter und der Mettigel«, »Der Hundertjährige, der aus dem Fenster stieg und sich dabei die Gräten brach« oder »Wo die wilden Kerle wohnen«: die Werke vieler weltberühmter Autoren und Literaturpreisträger spielen im Sauerland. Meistens liefert das Land der tausend Berge aber nur den landschaftlichen Hintergrund für die jeweilige Geschichte, die Sauerländer Eingeborenen werden hingegen kaum erwähnt. Doch es gibt auch Literaten und Zeitgenossen, die genauer hingesehen haben und die Sauerländer Charakterköppe gekonnt in ihren Werken beschreiben.

Annette von Droste-Hülshoff

»Der Sauerländer ist ungemein groß und wohlgebaut, vielleicht der größte Menschenschlag in Deutschland, aber von wenig geschmeidigen Formen; kolossale Körperkraft ist bei ihm gewöhnlicher als Behändigkeit anzutreffen. Seine Züge, obwohl etwas breit und verflacht, sind sehr angenehm, und bei vorherrschend lichtbraunem oder blondem Haare haben doch seine langbewimperten blauen Augen alle den Glanz und den dunklen Blick der schwarzen. Seine Physiognomie ist kühn und offen, sein Anstand ungezwungen, so dass man geneigt ist, ihn für ein argloseres Naturkind zu halten als irgendeinen seiner Mitwestfalen; dennoch ist nicht leicht ein Sauerländer ohne einen starken Zusatz von Schlauheit, Verschlossenheit und praktischer Verstandesschärfe, und selbst der sonst Beschränkteste unter ihnen wird gegen den gescheitesten Münsterländer fast immer praktisch im Vorteil stehen.

Er ist sehr entschlossen, stößt sich dann nicht an Kleinigkeiten und scheint eher zum Handel und gutem Fortkommen geboren, als dadurch und dazu herangebildet. Seine Neigungen sind heftig, aber wechselnd, und sowenig er sie jemandes Wunsch zuliebe aufgibt, so leicht entschließt er sich aus eigener Einsicht oder Grille hierzu. – Er ist ein rastloser und zumeist glücklicher Spekulant, vom reichen Fabrikherrn, der mit Vieren fährt, bis zum abgerissenen Herumstreicher, der »Kirschen für Lumpen« ausbietet; und hier findet sich der einzige Adel Westfalens, der sich durch Eisenhämmer, Papiermühlen und Salzwerke dem Kaufmannsstande anschließt.

Obwohl der Konfession nach katholisch, ist das Fabrikvolk doch an vielen Orten bis zur Gleichgültigkeit lau und lacht nur zu oft über die Scharen frommer Wallfahrer, die vor seinen Gnadenbildern bestäubt und keuchend ihre Litaneien absingen, und an denen ihm der Klang des Geldes, das sie einführen, bei weitem die verdienstvollste Musik scheint.

Übrigens besitzt der Sauerländer manche anziehende Seite; ist mutig, besonnen, von scharfem, aber kühlem Verstande; obwohl im allgemeinen berechnend, doch aus Ehrgefühl bedeutender Aufopferung fähig; und selbst der Geringste besitzt einen Anflug ritterlicher Galanterie und einen naiven Humor, der seine Unterhaltung äußerst angenehm für denjenigen macht, dessen Ohren nicht allzu zart sind.«

Aus: »Bilder aus Westfalen« von Annette von Droste-Hülshoff

»Kräftig wie alle Formen und Farben ringsumher, kühn wie der Aufbau der Berge, rasch wie der Lauf der Flüsse, die zu Tale eilen, fest zugleich wie der Berge und Felsen Häupter: so ist das Wesen des Sauerländers. Nicht dumpf und trübe an der

Friedrich Wilhelm Grimme

Scholle, die er beackert, hängt sein Blick, und die Ausschau von seinen Bergen zog seinen Horizont weiter als die Wallhecke und Hofeinfriedung, die den Blick des Bewohners der westfälischen Ebene einengt. (...) Schon sein äußeres Wesen ist gelenkig und energisch, wie das seiner letztgenannten Nachbarn steif und ungefüge. Er versteht es ferner, sich in alle Verhältnisse zu schicken und sie nach Möglichkeit auszubeuten; fast überall, wo er sich in der Fremde ansiedelt, macht er sein Glück. (...)

Wie der Tiroler, so liebt auch der Sauerländer sein schönes Land auf das innigste. Es möchte in ganz Norddeutschland wohl kein Völkchen geben, das derartig auf seine Heimat hält und sich so freudig zu ihr bekennt, wie gerade die Sauerländer. Daher das treue Zusammenhalten in der Fremde, das in den Nachbargegenden fast sprichwörtlich geworden, ja sogar unverständlicherweise belächelt wird. Sauerländische Landsleute, die sich daheim nicht kannten und vielleicht zwanzig Stunden Weges auseinander wohnten, fühlen sich, so sie sich draußen, selbst schon in der nächsten Nachbarschaft treffen, gleich verwandt und verbrüdert und vertrauen einander ohne weiteres. »Er ist ein Sauerländer und darum ehrlich«, so wie wenn man daheim, wenn man jemand das größte Lob aussprechen will, sagt: »Er ist ein echter Sauerländer.« (...)

»Ein ganz besonders hervorstechender Zug im Wesen des Sauerländers ist seine Munterkeit und der daraus entquellende Witz und Humor. In dieser Hinsicht finden sich unter den dortigen Jägern, Förstern, Müllern und Wirten, aber auch unter den Bauern noch Originale, die man mit Gold aufwiegen möchte.«

Aus »Das Sauerland und eine Bewohner" von Friedrich Wilhelm Grimme, 1866

Heinrich Heine beschreibt, in einem Gasthaus in Unna sitzend, die Westfalen. Offensichtlich ist er vorher durch Südwestfalen angereist:

Heinrich Heine

Ich habe sie immer so liebgehabt,
Die lieben, guten Westfalen,
Ein Volk, so fest, so sicher, so treu,
Ganz ohne Gleißen und Prahlen.

Sie fechten gut, sie trinken gut,
Und wenn sie die Hand dir reichen
Zum Freundschaftsbündnis, dann weinen sie;
Sind sentimentale Eichen.

Aus: Heinrich Heine, »Deutschland. Ein Wintermärchen«

In Christine Kochs Gedicht »De Siuerlänner« hat der Erzengel Raphael gerade Urlaub in Brilon gemacht und Gott fragt ihn nach seiner Rückkehr, wie es denn so war im Sauerland.
Raphael antwortet:

Christine Koch

»Ik segget nit geren, doch mott et seyn:
De Luie in Westfalen sind anders äse am Rheyn.
Westfalen sind all äse steyv bekannt,
aawer de gröttesten Dickköppe hiär't Siuerland.
Wat se wellt, diät wellt se!
Bö se sind, do gelt se!
Jähr Sinn is twiäss, de Koppe sind rund,
watt se siätt, watt se biätt,
jedes Wort weyger'n Pund.

Ich sage es nicht gern, doch muss es sein:
Die Leute in Westfalen sind anders als am Rhein.
Westfalen sind schon als steif bekannt,
doch die größten Dickköpfe hat das Sauerland.
Was sie wollen, das wollen sie!
Wo sie sind, da gelten sie!
Ihr Sinn ist quer, die Köpfe sind rund.
Was sie sagen, was sie beten,
jedes Wort wiegt ein Pfund.«

Von Christine Koch stammt auch das folgende Gedicht:

Siuerlandsart	Sauerlandart
Stieur asse 'n Aikenbäom,	Stur wie ein Eichenbaum,
Wäik asse 'n Laiwesdräom,	Weich wie ein Liebestraum,
Trui asse Dännengrain,	Treu wie Tannengrün,
Gräot, un doch wier klein,	Groß und doch wieder klein,
Am rechten Platze hart	Am rechten Platze hart
Is Siuerlandsart.	Ist Sauerlandsart.
Still asse Sumernacht,	Still wie Sommernacht,
Erenst asse Winterpracht,	Ernst wie Winterpracht,
Klor asse Sterenlecht,	Klar wie Sternenlicht,
Wohr, slicht un echt	Wahr, schlicht und echt,
Am rechten Platze hart	Am rechten Platze hart
Is Siuerlandsart.	Ist Sauerlandsart.

29

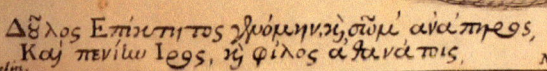

GELASSEN

Der Sauerländer ist mit wenig zufrieden. Genauer gesagt: mit ganz wenig. Um glücklich zu sein, reichen ihm zwei bis drei Sonnenstunden im Monat und ein Kasten Bier im Keller. Im Winter vielleicht noch ein Sack Streusalz dazu. Diese typische Genügsamkeit ist das Erbe der Ureinwohner des Sauerlands. Man muss sich dazu nur einmal vorstellen, wie die ersten Einwanderer die tausend dunklen Berge erreichten und bei Dauerregen durch knietiefen Modder immer tiefer in die Wälder stapften. Kerrokiste! Das war kein gelobtes Land, sondern eine unwirtliche Gegend, in der weder Milch noch Honig flossen, sondern nur Wasser in die Unterbuxe und Schweiß über die Stirn. Trotzdem entschieden sich diese Menschen zu bleiben und sich von dem zu ernähren, was die nasse Krume ihnen schenkte. Und das war nicht viel, denn das Land war wie unser Onkel Helmut: Er gab nur wenig, und das auch noch sehr ungern. Was man von ihm haben wollte, musste man ihm in harter Arbeit abringen.

So saßen die ersten Sauerländer dann also irgendwann ganz nah am Arsch der Welt, ließen sich klaglos vollplästern, kloppten Steine und schmolzen mühsam das Eisen raus, um es später an vorbeiziehende Wanderhändler zu verticken. So ein Leben ist nichts für Gänseblümchenpflücker, sondern nur etwas für rostfreie Härtefälle. Dieses eisenzeitliche Durchhaltevermögen blieb den Sauerländern bis heute erhalten. Gearbeitet wird grundsätzlich immer, egal ob es regnet, stürmt oder schneit. Gefeiert natürlich auch.

Das Leben im permanenten Tiefdruck bestimmt natürlich auch die Lebensphilosophie der Sauerländer. Sie denken positiv, sehen selbst im tosenden Gewitter immer den Silberstreifen am Horizont (»Ich glaub, da hinten klart es schon wieder auf.«), im dunklen Wald das rettende Gasthaus und im dichten Gedränge den freien Platz an der Theke. Und wenn etwas mal nicht ganz so läuft, wie man es sich erhoffte, stört das nicht weiter, denn Sauerländer sind ausgesprochene Stoiker. Sie sehen das Leben ganz so wie der griechische Philosoph und Stoa-Lehrer Epiktet: »Einige Dinge stehen in unserer Macht, andere hingegen nicht.«

Ins Sauerländische übersetzt klingt dieser Satz allerdings viel schöner: »Willze machen?« Dann hängt man an Lenne und Ruhr noch ein achselzuckendes »Isso!« hintendran und lässt sich nicht so schnell aus der Ruhe bringen.

Willze machen? Isso!

SPARSAM

Der Sauerländer ist von Natur aus warmherzig, hilfreich und großzügig. Er möchte nur nicht, dass andere das merken und ihn dann ausnutzen, übervorteilen oder gar betrügen. Daher tut er nach außen oft so, als wäre er ein Knickstiebel, wie man Geizkragen auf Sauerländisch bezeichnet. Auswärtige erzählen sich sogar, dass in den Hosentaschen der Sauerländer wahrscheinlich Igel wohnen. Deren Stacheln würden bei jedem Griff ans Geld gehörig pieksen, anders ließe sich das vorsichtige Schieben der Hand und das schmerzvolle Gesicht beim Herausziehen des Geldes nicht erklären.

Viele Sauerländer geben jedoch, wo sie können, und teilen, selbst wenn sie nichts haben. Oppa Gottfried schmiss zum Beispiel jeden Samstag in der Poststube eine Lokalrunde. Er wartete damit sogar stets, bis er der letzte Gast war, um dem Wirt nicht zu viele Umstände beim Zapfen und Spülen zu machen. Manche nannten ihn daher ein kniepiges Sparbrötchen, andere halten ihn für einen der großen deutschen Lokalökonomen.

Etwas mehr Sauerländer Kniepigkeit wäre in der heutigen konsum- und markenorientierten Welt gar nicht mal so verkehrt. Ab und zu einfach mal »Nä!« sagen, schon erspart man sich sinnlose Geldausgaben und lange Diskussionen mit aufdringlichem Verkaufspersonal. Statt dem neuen Auto tut's ja vielleicht auch ein gebrauchtes Moped, statt der Garage eine alte Plastikplane und statt zwei Wochen Malle ein Samstag auf dem Balkon. Vom Gesparten kann man sich dann die wichtigen Dinge des Lebens gönnen, zum Beispiel den Senf für die Mettwurst oder die Rolle Biermarken fürs Schützenfest.

Was macht ein Rheinländer, wenn er eine Fliege in seinem Bier findet?
Er beschwert sich laut, lässt das Bier zurückgehen und verlässt das Lokal.

Was macht ein Münsterländer, wenn er eine Fliege in seinem Bier findet?
Er nimmt sie raus und trinkt gelassen weiter.

Was macht ein Siegerländer?
Er trinkt sie mit und schüttelt sich kurz.

Was macht ein Sauerländer?
Er fischt die Fliege raus und schreit sie an:
» Spuck ma wacker mein Bier aus, Freundchen! «

WASSERFEST

In einem Mittelgebirge mit satten 2411 Bergen regnet es natürlich öfter, als beispielsweise in der deutlich flacheren Sahara. Pro Jahr fallen im Sauerland durchschnittlich so um die 1200 mm Niederschläge, das allermeiste davon in Form von Regen. Mal fällt mehr, mal fällt weniger. Mal fällt er fein, mal in dicken Tropfen. Mal als vereinzelter Schauer, mal als dichte Wasserwand. Glücklicherweise sind die Sauerländer aber ausgesprochen wasserfest und wetterhart, wie wir bereits gelernt haben. Gummistiefel an, Kapuze hoch, fertig ist die Laube. Ein schöner Dauerregen sorgt bei vielen Eingeborenen sogar für gesteigerte Lebensfreude und inneren Frieden, vor allem, wenn er von draußen an die Scheiben klatscht, während man sich drinnen schön eingemuckelt hat.

Die besonders innige Beziehung zum flüssigen Sonnenschein bezeichnet man in Fachkreisen als *Pluviophilie*, vom lateinischen pluvio = Regen. Man sollte einen Sauerländer allerdings besser nicht fragen, ob er pluviophil wäre, das könnte eventuell zu Missverständnissen und einem Hieb mit dem Regenschirm (sauerländisch: Krückmann) führen. Es muss aber was dran sein, denn nirgendwo auf der Welt gibt es so viele Begriffe für das Regnen wie im Sauerland: Es fisselt oder fitzelt, nisselt oder nieselt, es drüppelt, dröppelt, miegt, schüttet, suppt, schifft, sickt, saut, gießt, räänt, pladdert, pläddert oder plästert, es nubbelt und sabbelt, es ist am Schürren oder, wie unser Omma immer zu sagen pflegte, es ist allzwidder am Regen zugange. Wenn das Nasse dann auf das Trockene trifft, bilden sich dort Päuten, Pühten, Päutschen oder Kümpel. Damit liegen die Sauerländer mit ihren Regenwörtern sogar eine Nasenlänge vor den Inuit mit ihren zahlreichen Ausdrücken für Schneien und Schnee.

Wie nennt der Sauerländer zwei aufeinander folgende Regentage?
Wochenende!

Wie kann ein Sauerländer das Wetter an der Natur ablesen?
Kann man den Wald sehen, wird es bald regnen.
Kann man den Wald nicht sehen, ist es am regnen.

Wie oft regnet es Im Sauerland?
Zwei Mal im Jahr:
kalt von November bis April, warm von Mai bis Oktober.

Woran erkennt man im Sauerland den Sommer?
Die Pfützen sind nicht zugefroren.

MENSCHLICHE BEDÜRFNISSE

Mitte des 20. Jahrhunderts veröffentlichte der amerikanische Psychologe Abraham Maslow seine weltberühmte Bedürfnispyramide **(1)**. Sie besteht aus fünf Stufen, die seiner Meinung nach die Bedürfnishierarchie aller Menschen darstellen. Erst wenn eine Stufe erreicht ist, kann sich ein Mensch nach oben orientieren. An der Basis braucht er zum Beispiel erst einmal Wasser, Licht und Sauerstoff. Dann geht es über Sicherheit, soziale und individuelle Bedürfnisse bis ganz nach oben zum Willen zur Selbstverwirklichung und zur Ausschöpfung des eigenen Potentials. Maslows Pyramide wird unter anderem als Grundlage dafür genutzt, die Analyse der eigenen Bedürfnisse zu betreiben und wichtige Lebensfragen zu beantworten, also Fragen wie *Warum will ich was ich will?*, *Was will ich denn überhaupt?*, *Warum bin ich so unzufrieden?*

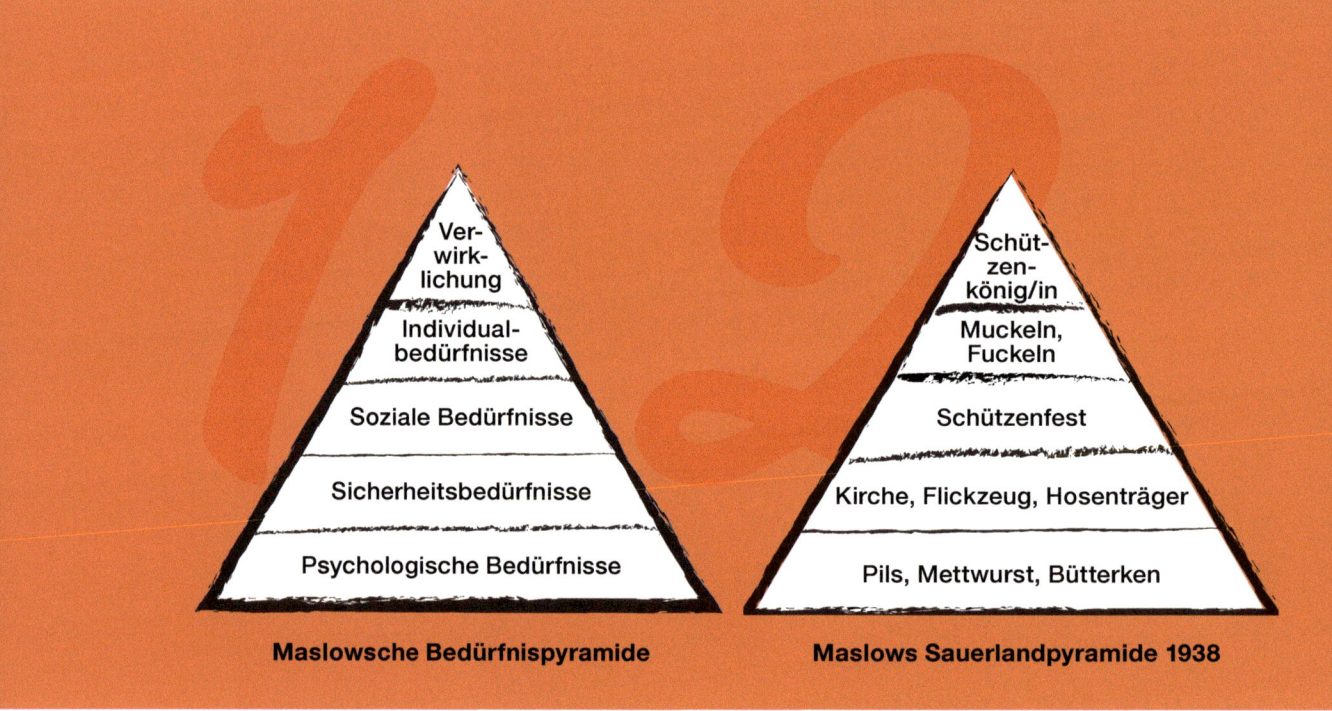

Maslowsche Bedürfnispyramide

Maslows Sauerlandpyramide 1938

Erst vor wenigen Jahren wurde in Maslows Nachlass ein versiegelter Umschlag mit den Ergebnissen seiner geheimen Forschungsreisen nach Lüdenscheid, Brilon und Düsternsiepen entdeckt. Aus gutem Grund, denn die Sauerländer hatten natürlich ganz andere menschliche Bedürfnisse als Durchschnittstypen. Sie brauchten zur Beantwortung der Fragen des Lebens auch keine össelige Pyramide, sondern nur ein kurzes Kratzen am Hinterkopf:

Warum will ich, was ich will? Weil mein Nachbar dat auch hat.
Was will ich denn überhaupt? Meine Ruhe.
Warum bin ich so unzufrieden? Weil mir der Pyramidentyp ständig
Löcher innen Bauch fragt.

Während der Rückfahrt nach Amerika skizzierte der Wissenschaftler eine Extra-Bedürfnis-pyramide **(2)** für alle Sauerländer auf einen Zettel. Heimlich, damit seine angeblich weltweit gültige Theorie nicht sofort inne Wicken war. Genau dieses Zettelken mit Maslows Sauer-land-Pyramide steckte in bereits erwähntem Fundumschlag. So wissen wir heute, was die Menschen entlang Lenne und Ruhr damals wirklich brauchten.

Aktuelle Forschungsergebnisse der MBM (Menschliche Bedürfnisanstalt Menden) zeigen allerdings, dass sich die Bedürfnisse der Sauerländer im Laufe der letzten Jahrzehnte geän-dert haben. Sowohl in der heutigen Elterngeneration **(3)** als auch bei deren Nachkommen **(4)**.

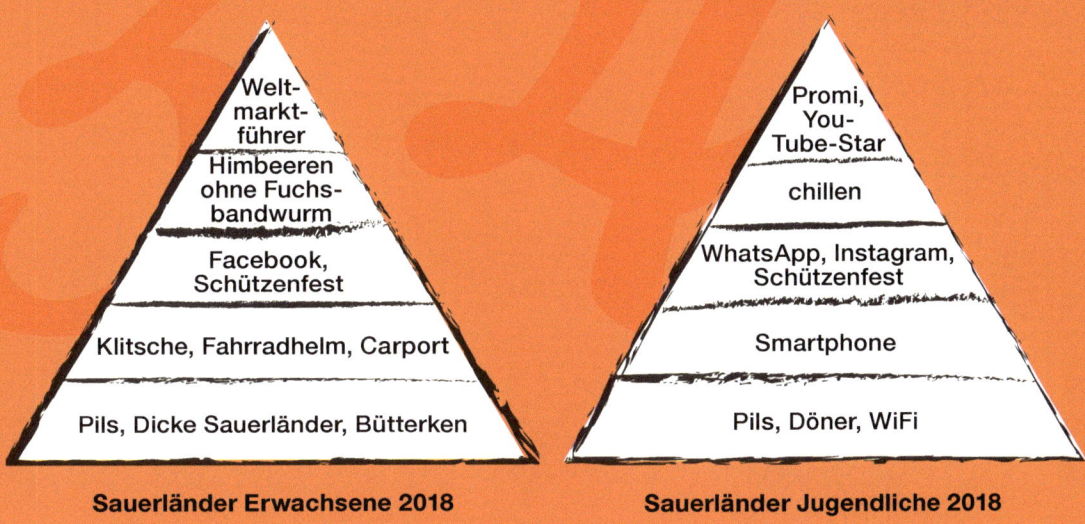

Sauerländer Erwachsene 2018

Sauerländer Jugendliche 2018

»Und was lernt uns das?« fragten sich die Wissenschaftler der MBM, konnten aber nur mit den Achseln zucken. Kein Wunder, schließlich scheinen sie ja nicht mal richtigem Deutsch zu können. Klar wird bei näherer Analyse der Bedürfnispyramiden aber auf jeden Fall, dass die Sauerländer generationsübergreifend nicht ohne Pils und Schützenfest leben können. Wie schön, dass es in ihrer Heimat davon reichlich gibt.

Lukas schrieb nach Altena:
Hände sind zum Falten da.

Matthäus schrieb den Olpern:
Nicht in die Kirche stolpern.

Johannes schrieb den Iserlohnern:
Besser nie den Kreuzweg bohnern.

Markus schrieb nach Attendorn:
Tauft mit Wasser statt mit Korn.

Lukas schrieb nach Warstein:
Schnäpse müssen klar sein.

Johannes schrieb nach Hemer:
Per Handy wär's bequemer.

Matthäus schrieb nach Menden:
Könnt ihr mir Mettwurst senden?

Markus schrieb nach Wenholthausen:
Vorm Hochamt bitte gründlich brausen.

GLAUBE UND GEBOTE

Am Kahlen Asten und auf dem Langenberg, den höchsten Erhebungen des Sauerlands, ist man dem Schöpfer besonders nah. Lässt man von dort den Blick über die tausend grünen Berge schweifen, spürt man deutlich, wie viel Mühe er sich bei der Erschaffung dieses wunderschönen Fleckchens Erde gegeben hat. Deswegen hört man die gottesfürchtigen Ureinwohner beim Aufstieg oft ein andächtiges »Oherroherroherr...« murmeln.

Die Sauerländer waren nicht, wie meine Omma vermutete, schon vor Christi Geburt alle streng katholisch. Die Verbreitung der frohen Botschaft des Neuen Testaments kam im Sauerland nur schleppend voran, da einst heidnische Sachsen das Land beherrschten, die alle Briefe der Apostel an die Ur-Christen der Region abfingen und verbrannten. Erschwerend kam hinzu, dass es damals auch noch keine Briefträger gab. Kam so eine Epistel ausnahmsweise irgendwie durch, konnte sie dann niemand lesen, da die Sauerländer noch allesamt Analphabeten waren. Einige dieser wertvollen Schriften wurden erst vor kurzem wiederentdeckt. Sie führen uns zurück in eine Zeit, als die Evangelisten ihren Schäfchen erst einmal die Grundregeln des ungewohnten Christentum erklären mussten (siehe Abbildung).

Die breite Christianisierung der Region konnte erst beginnen, nachdem Karl der Große die Sachsen bei Marsberg besiegt hatte. Danach mussten Missionare endlich keinen Schiss mehr beim Bekehren haben und konnten sich von Köln aus entlang der sogenannten Heidenstraße auf den Weg ins Sauerland begeben. Damit der neue Glaube besser bei den Einheimischen ankam, wurden besonders beliebte heidnische Feste wie Ostern und Weihnachten ohne lange Fisematenten in die christliche Religion übernommen. So um 1530 ging es dann mit der Reformation los. Bei den preußisch regierten Märkern kam sie gut an, das übrige Sauerland unterstand dem Herzogtum Westfalen und blieb überwiegend katholisch. Bis heute bezeichnen sich die sauerländischen Gläubigen daher gegenseitig als Katholen oder Schwatte beziehungsweise als Evangelen oder Blauköppe.

Trotz kleinerer Anfangsschwierigkeiten setzte sich das Christentum langsam überall im Sauerland durch. Probleme gab es allerdings immer wieder mit den Zehn Geboten und viele Priester beschwerten sich über die langen Menschenschlangen vor ihren Beichtstühlen. 1234 beschloss das Zweite Sauerländer Konzil in Eisborn daher, die Zehn Gebote regional anzupassen. »Du sollst den Tag des Herrn heiligen« fiel durch den Zusatz »darfst deine Knechte und Mägde aber ruhig weiter ackern lassen« deutlich arbeitgeberfreundlicher aus. »Du sollst nicht Unkeuschheit treiben« und »Du sollst nicht begehren deines Nächsten Frau« wurden beide durch »außer beim Karneval und beim Schützenfest« ergänzt. Das Anbeten fremder Götter wurde erlaubt, solange diese für Schalke oder Dortmund spielten. Anbetern der Münchner Bayern drohten weiterhin Exkommunizierung und ewige Finsternis.

Vielleicht ist es aber auch ganz, ganz anders gewesen. Die Experten des Theologenstammtischs Stockum vermuten beispielsweise, dass sich die biblische Geschichte gar nicht in Palästina, sondern rund um Hellefeld abgespielt hat, da die Gegend schon seit langem als *Altes Testament* bezeichnet wird. Das wirft natürlich viele Fragen auf. Hat Moses sein Volk vielleicht durch den nahen Sorpesee statt durch das Rote Meer geführt? So hätte er an der Staumauer nur kurz das Wasser ablassen müssen, um trockenen Fußes ins gelobte Land bei Sundern zu gelangen. Fand der Turmbau von Babel eventuell im Sauerland statt? Das würde das seltsame Gequassel der Menschen dort hinreichend erklären. Hat Noah die Arche in Neuenrade gezimmert und wurde die dortige Straße »Am Semberg« deswegen nach seinem Sohn Sem benannt? Für diese Theorie spräche der bis heute in Neuenrade gebräuchliche Trinkspruch »Nach mir die Sintflut!«

anne Erde tuhn

Bolz

Chrestböm

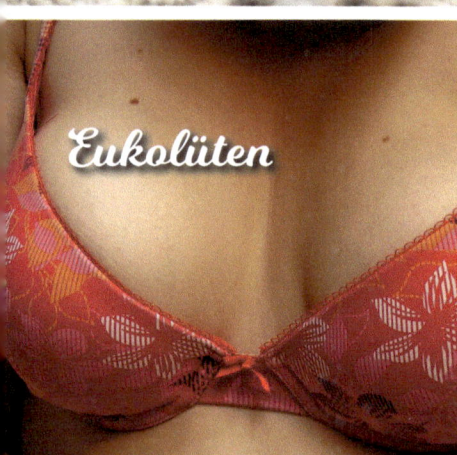

Eukolüten

Fleppe

Hümmelken

Jaust

Joppe

Käckeritz

Klümpken

Knatschich

Köpper

SAUERLÄNDISCH, WAT SONNZ?

Schriftsteller, Poeten und Musiker streiten darüber, welche Sprache die schönste Sprache der Welt ist. Die einen plädieren für Französisch, die Sprache der Liebe, die anderen für Italienisch, die Sprache der Musik, oder für Tschechisch, die Sprache ohne hässliche Vokale. Deutsch jedoch finden sie allesamt eher grenzwertig, trotz vieler bezaubernder Begriffe wie Brustdrüse, Rachenraum oder Hornhauthobelersatzklinge. Vielleicht sollte man der Rasselbande mal den Tipp geben, gemeinsam in die deutschen Regenwälder zu reisen, dorthin also, wo man Kniften mümmelt, muckelige Schlawwanzüge trägt und astreines Sauerländisch quasselt. Dann wäre schnell klar, welche Sprache nun wirklich die allerschönste vonne ganze Welt ist.

Hömma, hört man die Skeptiker sofort rufen,
Sauerländisch ist doch gar keine eigene Sprache sondern nur so eine Art fichtenzapfiges Ruhrdeutsch.

Selber hömma, schallt es dann aus dem Sauerland zurück,
wennze keine Ahnung hass, dann solltesse ma wacker die Schnauze halten. Der Fluss, nach dem dein tolles Ruhrgebiet benannt wurde, entspringt nämlich bei uns im Sauerland und den lassen wir eigentlich nur bis zu euch durch, damit ihr nicht aufs Plumpsklo müsst.

Das ist natürlich übertrieben. Vermutlich war es eher so, dass die Ruhr schon immer die schönsten Sauerländer Wörter von ihrem Oberlauf mitnahm und sie dann auf ihrer langen Reise Richtung Westen langsam in die Sprache der Menschen zwischen Hagen und Duisburg einfließen ließ. Früher quasselte man im sogenannten Ruhrgebiet übrigens nicht mal miteinander, sondern winkte sich stattdessen mit Grubenlampen fahle Lichtzeichen zu. Zweimal lang, zweimal kurz bedeutete zum Beispiel zwei Pils und zwei Korn. Das gesprochene Wort kam erst in den dreißiger Jahren hinzu, als die ersten Püttologen von ihren Werksärzten zum Luftschnappen ins Sauerland geschickt wurden. Dort lernten sie die wunderschöne Umgangssprache und nahmen sie, neben ein paar leckeren Mettwürstkes, nach erfolgreicher Genesung mit zu sich nach Hause.

Lierpel

muckelich

Muckis

plästern

Plörren

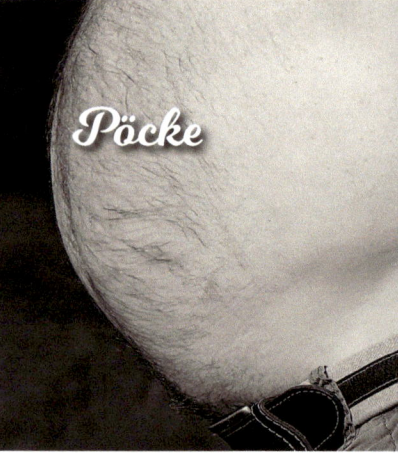
Pöcke

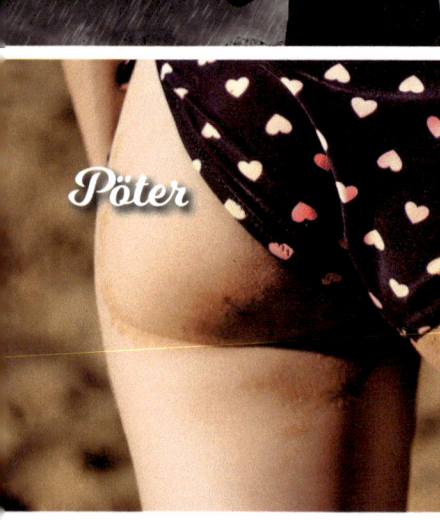
Pöter

ratzen

Senge

Tröte

Unterbuxe

Zwille

Schnellkurs Sauerländisch

Sauerländisch ist nicht nur die schönste Sprache der Welt, sondern auch sehr leicht für zum Lernen. Man nehme: eine Basis aus Hochdeutsch, dazu eine Portion lecker Platt und Südwestfälisch. Dann das Ganze mit einem Pils verquirlen und mit viel Humor würzen. Anschließend muss man nur noch ein paar einfache Grundregeln beachten, die aber selbst Anfänger schon nach wenigen Jahrzehnten fast unfallfrei beherrschen.

Tipp 1

Man kann fast jedem Substantiv sofort original Sauerländer Flair verleihen, indem man den ersten Vokal in einen Umlaut verwandelt und dann die verniedlichende Endung »ken« oder »sken« anfügt.

Haus = Häusken
Nagel = Nägelken

Handelt es sich bei den letzten Buchstaben um ein »ch«, »k« oder » g«, wird stets ein »sken« angefügt.

Buch = Büchsken
Stock = Stöcksken

Bei Wörtern, die mit einem »e« enden, wird dieser Vokal durch ein »ken« ersetzt.

Blume = Blümken
Hose = Hösken

Ist ein Substantiv bereits durch ein »chen« verniedlicht, ersetzt man das »ch« einfach durch ein Sauerländer »k«.

Brötchen = Brötken
Häschen = Häsken

Tipp 2

Normales Hochdeutsch sprechen – nur etwas bedächtiger – und an jeden zweiten Satz einfach ein »woll« oder »wonnich« anhängen. Fertich is die Laube, woll.

Tipp 3

Beim Reden keine Zeit vergeuden und öfters mal mehrere Begriffe frei Schnauze zu einer klaren Ansage verschmelzen.
Hochdeutsch: »Ach wie schön, schau dir das doch bitte einmal an!«
Sauerländisch: *»Kumma!«*

Hochdeutsch: »Würdest du bitte den Fernseher ausschalten?«
Sauerländisch: *»Mamma aus.«*

Hochdeutsch: »Könntest du vielleicht etwas leiser sprechen?«
Sauerländisch: *»Halte Fresse!«*

Wer sich näher mit dieser wundervollen Sprache beschäftigen möchte, dem sei »Wem hörsse – Das astreine Wörterbuch für das ganze Sauerland« empfohlen, das im WOLL-Verlag erschienen ist.

Die Süße aus dem Sauerland mit der wär' ich gern durchgebrannt,
wenn das kleine liebe Ding, nicht so an seiner Heimat hing.
Ich kann die Süße gut verstehn: Das Sauerland das ist so schön!

Darum hat es keinen Zweck:
Sie will von dort nicht weg!

DIE SÜSSEN AUS DEM SAUERLAND

Sauerländer sind als ideale Partner für kurz- und langfristige Beziehungen weltweit hochbegehrt und werden selbst während der Schonzeit rücksichtslos angebaggert. Aus gutem Grund, denn Sauerländer Männer sind von der Natur bevorzugt. Während Bayern, Friesen und vor allem die Rheinländer spätestens seit der letzten Völkerwanderung einen sichtbaren Knick in der Genetik haben, wurden die Sauerländer in ihrem Waldversteck zu den schönsten, klügsten und bescheidensten Typen Deutschlands. Metrosexueller Kappes wie Cremeduschen oder Likörtrinken ist ihnen fremd, als ganze Kerle ringen sie lieber mit Bären oder reißen Bäume aus. Das hat sich längst in der internationalen Frauenwelt herumgesprochen.

Immer wieder kommt es in heimischen Kneipen und Schützenzelten zu Tumulten, wenn hoch erregte Topmodels versuchen, einen Sauerländer abzukriegen, und sei es nur ein ganz kleiner mit leichtem Dachschaden. Doch da sind diese Damen schief gewickelt, denn der Sauerländer Mann ist sehr, sehr wählerisch. Botoxschnute, Silikontüten und schmale Hüften sind nicht sein Ding. Er steht auf natürliche Schönheiten mit frischen Gesichtern, hellem Verstand und großem Appetit. Wenn sie dazu noch richtig knutschen und Trecker reparieren können, umso besser. Deswegen entscheidet er sich auch meistens für eine waschechte Sauerländerin.

Deren außergewöhnliche Schönheit und selbstbewusste Weiblichkeit wurde schon immer von Poeten gefeiert und von Liedermachern besungen. So rühmt der große Dichter Reiner von Hänsch in seiner Sauerländer Nationalhymne die geliebte Heimat als das Land, »wo die Mädchen noch wilder als die Kühe sind«. Schöner kann man innige Leidenschaft und tiefe Bewunderung wohl kaum ausdrücken. Kein Wunder, dass alleinstehende Männer aus aller Welt die Region wie Borkenkäfer auf Freiersfüßen heimsuchen, um bei den schönen Sauerländerinnen Süßholz zu raspeln und Männchen zu machen. Derartige Spirenzkes enden jedoch oft in schroffer Ablehnung oder auf der Intensivstation, denn Sauerländerinnen gefallen selbstbewusste Bärenjäger und Bäumeausreißer meist besser als pomadige Bagger- und Laberkönige.

Wer das große Glück hat, trotzdem von einer Sauerländerin erhört zu werden und sogar ihr Interesse an einer Partnerschaft zu wecken, sollte sofortige Umzugsbereitschaft signalisieren, sonst wird es schwierig. Warum das so ist, erklären Andy und Bernd in ihrem bekannten Welthit

»Die Süße aus dem Sauerland«

WIE ANGLE ICH MIR EINEN SAUERLÄNDER?

Versetzen wir uns kurz in den Alltag der Sauerländer Singles. Schon morgens werden sie vom Lärm der sich zankenden und prügelnden Verehrer und Verehrerinnen geweckt, die draußen vor dem Haus dicht gedrängt auf den Traumpartner warten und dabei die Nerven verlieren. Statt Frühstücksradio hört man nur lautes Geschrei:

»Finger weg, das ist meiner!«,
»Ich habe sie zuerst gesehen!«
oder

»Haut alle ab, sonst hol ich meinen
großen Bruder!«

Haben es die Belagerten durch den Hinterausgang endlich bis zur Arbeit geschafft, müssen sie dort erst einmal das übliche Meer von Blumensträußen wegräumen, um darunter ihre Schreibtische und Werkbänke zu finden. Nach Feierabend kommt es dann noch schlimmer, wenn die begehrten Singles überall von Liebestollen belästigt werden: in der Muckibude, in der Kneipe und manchmal sogar in der eigenen Badewanne. Dazu noch täglich tausend neue Freundschaftsanfragen bei jedem Facebook-Besuch, das nervt auf Dauer.

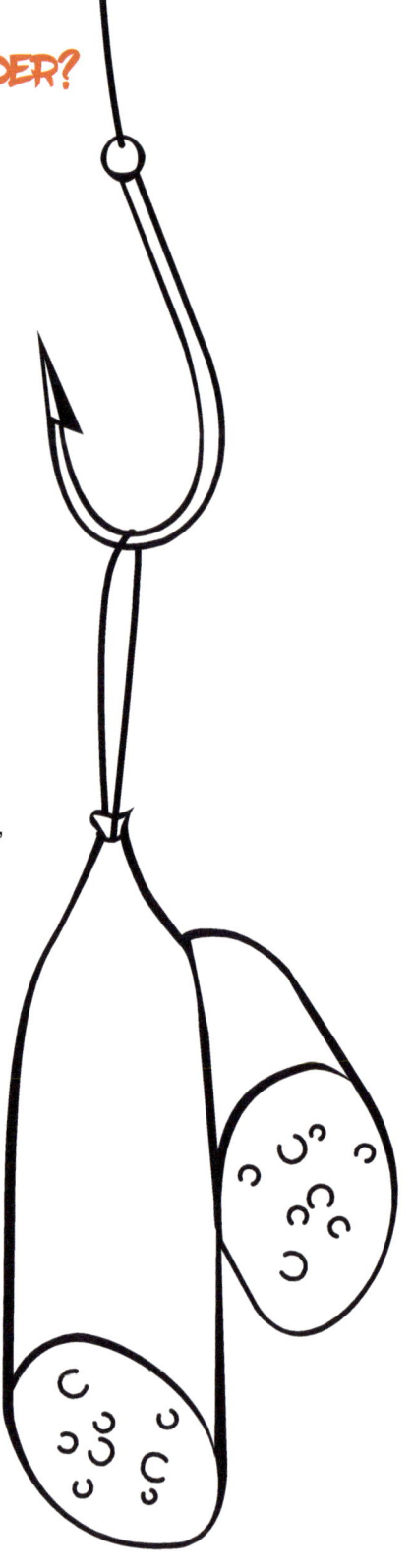

Wer Sauerländer Singles für sich gewinnen möchte, sollte daher die folgenden wertvollen Tipps beachten.

Schützenfestsaison nutzen

Mit der Schützensaison beginnt die Balzzeit der Sauerländer. Spätestens am zweiten Tag eines Schützenfests werden sie zutraulicher und sind nicht mehr ganz so anspruchsvoll, wenn es um Getränke, Tanzpartner und Erotik geht. Hauptsache, das Pils ist kalt, beim Tanzen kachelt man nicht in die Tische oder die Kapelle und beim Knutschen schmeckt es nach Currywurst und Korn.

Sprüche kloppen

Je besser der Anmachspruch, desto höher die Erfolgschancen. Sprüche wie »Ich bin so schlecht im Bett, das musst du erlebt haben« oder »Ich bin vom ADAC, darf ich dich abschleppen?« sind out. Gefragt sind Sprüche, die dem Sauerländer an Herz und Seele gehen und die beweisen, dass man es ernst meint. Hier ein paar Flirtsprüche mit Erfolgsgarantie:

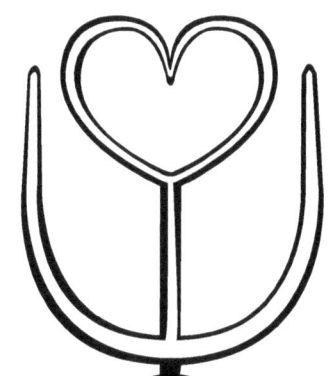

Für dich würde ich glatt noch ein Pils trinken.

Du bist zwar nicht mein Typ, aber ich bin sehr tolerant.

Darf ich das Mett auf deinem Brötchen sein?

Du lachst noch schöner als meine Lieblingsziege.

Der liebe Gott hat dir scheinbar alles gegeben – außer meiner Nummer.

Richtig zwinkern

Beim erfolgreichen Kennenlernen spielen Sprache und Gebärden eine wesentliche Rolle. Was aber, wenn die Musik zu laut ist für zarte Worte, der Mähdrescher rattert oder die Hirsche röhren? Wenn man keine Hand zum Winken frei hat, weil man in jeder ein Bierglas hält oder sich gerade an der Theke festkrallt? Für solche Fälle sollte man sich die Sauerländer Klüsensprache aneignen, mit der sich die Einheimischen ganz ohne Worte, Hände oder Füße untereinander verständigen.

Ich find euch beide süß!

SAUERLÄNDER KLÜSENSPRACHE

Zwinkern mit rechts:	Ich habe mich in dich verliebt
Zwinkern mit links:	Du bist nicht mein Typ
Abwechselnd links und rechts zwinkern:	Ich find euch beide süß!
Zwinkern mit beiden Augen gleichzeitig:	Pass auf, deine Frau/dein Mann kuckt rüber
Zweimal zwinkern rechts:	Ich bin schon vergeben
Zweimal zwinkern links:	Ich sehe das aber nicht so eng
Beide Augenlider langsam senken:	Darf ich dich küssen?
Beide Augenbrauen oben:	Knutsch los!
Linkes Auge langsam schließen:	Zu mir oder zu dir?
Rechtes Auge langsam schließen:	Is mir egal, Hauptsache noch heute
Linker Zeigefinger an linkes Auge:	Ich könnte glatt in deinen Augen ertrinken
Rechter Zeigefinger an rechtes Auge:	Das will ich sehen!
Linker Zeigefinger an rechtes Auge:	Ich hab meine Kontak-linse verloren

EROTIKWELTMEISTER

Da es in ihrer Heimat überdurchschnittlich viel regnet und die Winternächte besonders lang und kalt sind, hatten die Sauerländer schon immer viel Zeit und Muße für traditionelle Hobbys wie Halma, Strohsterne basteln und Sex. Vor allem für Sex. Intensives Training und ihr angeborenes Talent zum Prockeln und Fuckeln hat die Sauerländer zu wahren Weltmeistern in Sachen Erotik werden lassen.

Einer davon war Schüppken Willi aus Mosebolle, der um 1850 den Tantrasex erfand. Ihm gelang es, den Höhepunkt seiner Frau Alma (geb. Kremers) so lange hinauszuzögern, bis sie im Alter von 93 Jahren plötzlich und unerwartet verstarb. Für internationales Aufsehen sorgte ebenfalls Jettchen Lauschepper, die 1923 auf ihrem Bauernhof bei Brilon den ersten Sexshop der Welt eröffnete und experimentierfreudigen Sauerländern dort neben Futterrüben und Wagenschmiere auch gebrauchte Melkschemel anbot.

Richtig berühmt wurde die geballte Erotik der Region aber erst, als 1974 bei Aufräumarbeiten in »Uschis Paradies« an der B5 das Sauerländer Kamasutra entdeckt wurde. Paradiesbetreiberin Ursula P. und ihre Mitarbeiterinnen hatten

bis zur Schließung des beliebten Kleinunternehmens akribisch Buch über die besonderen Wünsche ihrer Sauerländer Kunden geführt. Auf den nächsten Seiten finden Sie einige der gefragtesten Stellungen. Auf allzu derbe Ausdrücke und besonders ferkelige Praktiken haben wir dabei aus Jugend- und Ommaschutzgründen verzichtet.

SAUERLÄNDER KAMASUTRA

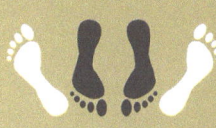
Schmallenberger Schlittenfahrt
Partnerin unten, Partner oben. Kufen fetten, tüchtig Schwung nehmen und mit lautem »Hop, hop, hop!« losrodeln. Sobald die Partnerin Fahrt aufgenommen hat, »Platz da, ich komme!« rufen und die innere Bremse lösen.

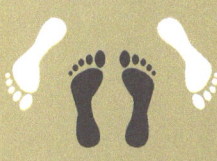
Herscheider Schubkarre
Partnerin bei den Gummistiefeln packen und Beine langsam bis zur eigenen Hüfte anheben. Partner führt, Partnerin läuft auf Händen über den Hof. Drei Runden um den Hühnerstall, wer zuerst schlapp macht, holt Bier.

Oberförster
Partnerin geht in den Hochsitz, Partner nimmt mit geladener Flinte Platz und wartet geduldig ab, bis die Partnerin langsam wild wird.

Mettbrötchen
Gemeinsam aufs Mett legen, Partner tüchtig einpfeffern und sich dann gegenseitig leidenschaftlich so lange ins Brötchen beißen, bis es zwiebelt.

Schützenfest
Schützenmarsch auflegen. Partnerin macht den Adler, Partner hat nur einen Schuss frei. Anschließend Zapfenstreich.

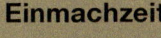
Schalker Kreisel
Auf blauweiße Bettwäsche legen und im gegnerischen Strafraum fummeln, bis beiden Partnern schwindlig wird. Nach druckvollem Pressing zur Manndeckung wechseln und vorne den schnellen Abschluss suchen.

Einmachzeit
Reifes Früchtchen langsam zum Kochen bringen. Sobald es dampft, Druck entweichen lassen und zum Schluss den Gummiring nicht vergessen.

WAS SAUERLÄNDER ESSEN

Die südwestfälische Küche ist bodenständig und ehrlich. Sauerländer brauchen keinen kulinarischen Schnickschnack, sie sind mit Schwarzbrot, Kartoffeln und Schwein zufrieden. Freitags ersetzt Fisch das Schwein, sonntags Hostien das Schwarzbrot.

Schwarzes Gold

Das Schwarzbrot wurde im Lauf der Geschichte in vielen begeisterten Reiseberichten erwähnt. Schon der Kupferstecher und Kartograph Gerardus Mercator schwärmte Anfang des 16. Jahrhunderts:

»Schwarz Brot, schlimm Bier, grob Schweinekeil gibt's allenthalben in Westfalen. Wer's nicht glaubt, mag's selbst erfahren«.

Noch im selben Jahrhundert schilderte der flämische Philosoph Justus Lipsius begeistert seine erste Begegnung mit einem laibhaftigen westfälischen Schwarzbrot:

»Wenn du die Farbe, das Gewicht, die ganze Gestalt gesehen hättest, du hättest abgeschworen, dass es Brot sei. Es ist schwarz, grob herbe und zu Klötzen von vier bis fast fünf Fuß Länge geformt, die ich nicht hätte aufheben können. Armes Volk, das seine eigene Erde essen muss.«

Und den Pumpernickel, das schwarze Gold unter den Sauerländer Schwarzbrotspezialitäten, beschreibt der Darmstädter Mathematiker Georg Christian Lichtenberg (1742 – 1799) in einem Brief an seine Frau:

»Pumpernickel wirst Du kaum essen können, es ist beinah als wenn man das liebe Korn roh äße. Ich habe es oft versucht und ließ mir ein Stück geben, das etwa 20 Bauernbissen enthalten mochte. Ich biss etwas mit einer ernsthaften Miene ab. Sollst Du das Brot, so wie es Gott erschaffen hat, nicht essen können, das Brot das den hiesigen Bauernmädchen die schöne Haut, die Munterkeit und das feste Fleisch gibt? sagte ich und fing an es mit meinen Zähnen zu mahlen, denn das fehlt ihm. Ich kaute fort, es war entsetzlich, zuweilen geriet ich über dem Kauen in ein Lachen und gab die 19 übrigen Bissen den Pferden.«

Vielleicht hätte Lichtenberg das Brot einfach mit ein wenig Butter bestreichen sollen. Durch diese einfache Maßnahme entsteht das treue Butterbrot, das dem Sauerländer Frühstück, Abendbrot und Wegzehrung zugleich ist. Von dieser beliebten Delikatesse gibt es in der Region mehrere interessante Varianten, wie der Sauerländisch-Experte Dr. Nürsel in seinem Standardwerk »Fragen Sie Dr. Nürsel« (WOLL-Verlag 2016) erläutert:

»Die Basisvariante eines Butterbrotes ist »das Butter«. Das Butter besteht aus einer einfachen Scheibe Graubrot bis 15 mm maximale Scheibenstärke (Sauerländer Brotschmierverordnung von 1927) und ist einlagig mit Wurst oder Käse »belegt«. Unter 15 mm Scheibenstärke darf es offiziell zum »Bütterken« verniedlicht werden.

Im Plural wird das Butter zu »Bütters«, das Bütterken zu »Bütterkes«. Beispielsatz: »Ich tu dir die Bütters inne Tupperbüxe, woll«.

Nicht gegessene und Tage später aus Schulranzen oder Aktentaschen gefischte Bütters heißen »Hasenbütters« (siehe Foto), weil man beim Verzehr der mit ergrauter Leberwurst gefüllten, trockenen Fundstücke richtig lange Zähne »bekommt«.

Doch Vorsicht: Als »Bütters« werden auch die weiblichen Brüste scherzhaft bezeichnet: »Wer mir Schützenfest anne Bütters geht, dem schmier ich eine!«

Ein halbiertes oder gevierteltes Butter heißt »Karro« oder »Schnitte«, im Plural und mit Gürkchen oder Petersilie belegt »Schnittchen« oder »Schnittkes«. Noch kleiner geschnitten wird das Butter zu »Reiterkes«, die »Münnekes meute« sind, mundgerecht für Oppas mit ohne Zähne.

Wer zwei Schnitten so aufeinander legt, dass die Wurstseiten sich in der Mitte treffen, hat weder ein Sandwich noch eine Doppelschnitte, sondern ein Butter (oder Bütterken) »mit Zuklappe«.

Über 15 mm Brotscheibenhöhe und daumendick mit Wurst belegt wird das herkömmliche Butter mit Zuklappe dann zur sagenumwobenen »Kniffte«, der ultimativen Waffe im Kampf gegen Sauerländer Bärenhunger.«

Der Sauerländer
verlässt sich
bei seiner
Ernährung auf die
Erfahrung
regionaler
Landwirtschaftsexperten
und folgt deren Motto
»Was der Bauer nicht
kennt, das frisst er
nicht.« Daher wird die
regionale Küche
von Zutaten
bestimmt,
die man aus dem
heimischen Boden
buddeln, umsensen
oder grunzend im Stall
finden kann. Oder
grunzend im Wald,
wenn man einen
der vielen
Sauerländer
Jäger
kennt.
Aus diesen
Zutaten lassen
sich viele köstliche
Gerichte zubereiten,
die volle Lotte
nach Sauerland
schmecken.

AUS FELD, STALL UND DOSE

Der Sauerländer verlässt sich bei seiner Ernährung auf die Erfahrung regionaler Landwirt-schaftsexperten und folgt deren Motto »Was der Bauer nicht kennt, das frisst er nicht.« Daher wird die regionale Küche von Zutaten bestimmt, die man aus dem heimischen Boden buddeln, umsensen oder grunzend im Stall finden kann. Oder grunzend im Wald, wenn man einen der vielen Sauerländer Jäger kennt. Aus diesen Zutaten lassen sich viele köstliche Gerichte zubereiten, die volle Lotte nach Sauerland schmecken.

Sauerländer Strieppmaus

Hauptzutat ist kleingeschnittener Rübstiel, also das Grün und die Blätter der Speiserübe. Gekocht wird daraus Stielmus, im Sauerland *Strieppmaus* genannt. Vorher sollte man die Stiele indes mehrmals gründlich waschen, sonst knirscht es später ordentlich zwischen den Zähnen. Das Rezept ist ganz einfach: Zwiebelwürfel in Fett dünsten, Hackfleisch würzen und anbraten, bis es krümmelt. Kartoffelstücke und Rübstiel dazu, mit Gemüsebrühe angießen und langsam garen lassen. Reiche Köche schmecken mit Sahne, Weißwein und Muskat ab, kniepige Hausfrauen mit Mehlschwitze und Maggi.

Potthucke

Ein leckeres Kartoffelgericht das, wie der Name schon sagt, im Kochtopf hockt. Gerne auch mal etwas länger, wenn es mal wieder an dessen Boden festbackt. Potthucke wird immer nach Ommas Rezept gekocht. Und da es im Sauerland viele Ommas gibt, gibt es natürlich auch viele Potthuckenrezepte. Eins davon geht so: Gekochte Kartoffeln durch eine Presse drücken und mit roh geriebenen Kartoffeln verkneten. Eier und Sahne dran, in eine gespeckte Auflaufform geben, mindestens eine Lage Mettwürstkes in die Kartoffelmasse drücken und dann ab damit in den Ofen. Mit Rübenkraut servieren.

Sauerländer Krüstchen

Ein Sauerländer Krüstchen besteht aus einem panierten Schweineschnitzel auf einer Scheibe Roggenbrot, gekrönt von einem Spiegelei. Das Schnitzel sollte größer als zwei Bauernhände sein und am besten die Tellerränder verdecken. Dazu werden Bratkartoffeln und Salat gegessen.

In der Not schmeckt die Wurst auch ohne Brot

Mettigel

Wenn der Sauerländer wenig Zeit oder keinen Ofen hat, isst er sein Schwein einfach roh. Dazu wird es durch den Fleischwolf gedreht und mit etwas Salz und Pfeffer zu einem Mettlaib geformt. Mit stacheligen Zwiebelstiften gespickt und einer Nase sowie zwei Augen aus Pfefferkörnern sieht das Ganze fast aus wie ein possierliches Igelchen. Auf halbem Brötchen serviert eine absolute Delikatesse.

Knochenwurst

Mett, Fleisch, gehackte Schweinerippchen und Gewürzen werden in eine Wurstpelle gefüllt und geräuchert. Diese Wurst wird in Wasser gekocht und mit Sauerkraut (Sültemaus) und Kartoffeln (Tuffeln) serviert. Die Knochenstücke in der Wurst werden genüsslich abgeknurpselt und dann an den Tellerrand oder in den Hundenapf gelegt. Beliebt ist Knochenwurst vor allem in der Region um Winterberg und Medebach.

Sauerländer Rinderwurst

Eine leckere Wurst aus gekochter Rinderbrust und Haferflocken. Die Wurst drückt man aus ihrer Pelle, dann wird sie mit Zwiebeln in der Pfanne gebraten. Als Beilage gibt's Bratkartoffeln und Essiggurken. Die Rinderwurst wird im Sauerland auch als *Rinderpümmel* bezeichnet.

Dicke Sauerländer

So wie die Pfälzer ihren Saumagen lieben, die Bayern ihre Weißwurst und die Kölner ihre Flönz, so lieben die Sauerländer ihre kultverdächtigen Dicken Sauerländer. Hergestellt wird die leckerste Bockwurst der Welt seit 1961 von der Fleischwarenfabrik Metten in Finnentrop. Dicke Sauerländer sind nicht nur überaus beliebt (siehe Abbildungen), sondern inspirierten wahrscheinlich auch das bekannte Sprichwort:
»In der Not schmeckt die Wurst auch ohne Brot.«

WAS SAUERLÄNDER TRINKEN

Schon der Paderborner Leihbischof Pinnken von Pichelius stellte während seiner ausgedehnten Tresenreisen durch das Sauerland fest, dass die Einheimischen niemals nur einen einzigen Becher Bier verkasematuckelten, sondern immer mindestens zwei oder auch deutlich aufwärts. Handelte es sich allerdings um Wasser oder lauwarme Ziegenmilch, wurde der zweite angebotene Becher stets abgelehnt. Meistens auch schon der erste. In Erinnerung an die Arbeit des forschenden Leihbischofs bezeichnet die Wirtschaftswissenschaft dieses regional verbreitete Sondertrinkverhalten als *Sauerländer Pichelparadox*.

Man vermutet, dass es sich bei dem Begriff »sich einen trinken« eventuell um eine sprachliche Folge der weithin bekannten Sauerländer Ehrlichkeit handelt. Niemand kann schließlich schon vor einem Kneipen-, Feten- oder Schützenfestbesuch exakt wissen, wie viele Getränke er im Verlauf der Veranstaltung konsumieren wird. Und noch unwahrscheinlicher ist es, sich nach einem beschwingten Abend an die genaue Anzahl der Striche auf dem Bierdeckel zu erinnern. Statt nun einfach zu lügen und Mengenangaben frei zu erfinden, sagen Sauerländer also lieber »Ich gehe einen trinken« oder frisch von der Leber weg »Ich war einen trinken«, wobei einer so ungefähr zwischen zwei und fünfzig liegt.

Mindestens zwei Bier sind für Sauerländer auch eine Glaubensfrage, schließlich hat der liebe Gott sie nicht umsonst mit zwei Händen und zwei Daumen für zum Gläserhalten erschaffen. Und mit besonders großem Durst. Daher gibt es nirgendwo auf der Welt so viele Begriffe für die alkoholisch-gesellige Flüssigkeitsaufnahme wie im Sauerländischen. Man geht zusammen einen pitschen, knallen, heben oder nehmen, einen saufen, süppeln, süffeln, zöppeln oder züppeln, einen trötern, ballern, verlöten oder brennen, einen schnasseln, bürsseln, pöttkern, schnäppsen oder schmettern, man begießt sich die Nase und die Mütze, macht sich die Lampe an, gibt sich die Kante, nimmt sich einen zur Brust und kippt einen hinter die Binde.

Das unbändige Verlangen nach dem zweiten, dritten oder zehnten Folgegetränk lässt sich vielleicht am besten mit dem Prinzip Hoffnung des Philosophen Ernst Bloch erklären. Für ihn ist Hoffnung, also »das Erwarten einer guten Zukunft«, der lebenserhaltende Trieb des Menschen. Auch die Sauerländer sind daher stets von Hoffnung getrieben, vor allem von der Hoffnung, dass das nächste Pils das Beste sein könnte. Wer lediglich ein einziges trinkt, hätte demnach alle Hoffnung verloren und wäre ein ganz armer Mensch. Oder ein Siegerländer.

Lippstädter

Altenrüthener

Westheimer

Warsteiner

Stollentroll

Mühlenbräu

Josefs

Veltins

Dangels

Landbier dunkel
und Sauerlandbier

Esselbräu

Loisel's Bräu

Hefemännchen
Rönsahler Landbier

Krombacher

Bierken

Die stolze Nation der Sauerländer ist gleich mehrfach vom lieben Gott gesegnet. Als der Herr die Sonne schuf und es Licht ward, stellte er nämlich fest, dass es im Sauerland leider immer noch dunkel war und dauernd plästerte. Zum Ausgleich dafür schenkte er den Eingeborenen Millionen dichter Fichten, unter die man sich prima unterstellen kann, wenn's schifft, und 1000 herrliche Berge, die aus dem reichlichen Regenwasser das weichste, beste und leckerste Wasser der Welt filtern. Dieses Wunderwasser ist die wichtigste Zutat ihrer heimischen Biere (siehe Bierkarte), denen die Sauerländer ihre roten Bäckchen und das sanfte Gemüt verdanken.

Auf ihren Schützenfesten steigert sich der Bierbedarf der Sauerländer auf den Treibstoffver- brauch des Raumschiffs Enterprise, ihre Trinkgeschwindigkeit auf Sol 8. Diese ungewöhnlich hohe Leistungsfähigkeit ist vermutlich eine Folge der Evolution. Führende Pilsforscher vermu- ten, das 700 Jahre Schützenfestfeiern bei Sauerländern zu einer genetischen Adaption führten, denn wie schon Darwin wusste, passen sich alle Lebewesen ihren Lebensumständen und dem jeweiligen Nahrungsangebot an. Das in der kargen Wüste lebende Dromedar hat

einen Höcker, in dem es Fettvor-	räte speichert. Die Wiesen bewoh-
nende Kuh hat vier Mägen, um	das nährstoffarme Grünzeug
optimal zu verdauen. Und um	die harte Schützenfestsaison
nicht nur zu überleben,	sondern sogar genießen zu
können, findet man in der	Erbmasse echter Sauerländer
daher das sogenannte	P-Chromosom, wobei das P
für Pils steht. Dieses	P-Chromosom, für dessen
Entdeckung der Berleburger	Bierarzt Schültkes Jochen
1963 den Nobelpreis in der	Kategorie »Sonstiges« erhielt,
ist verantwortlich für die	erhöhte Trink- und Standfes-
tigkeit der Sauerländer. Dank	P-Chromosom können sie
schneller schlucken, mehr	vertragen, lauter singen und
besser balzen.	Besser geht's nicht, woll.

Verteilerken

Damit ihr Magen bei seiner harten Arbeit mit schwarzem Brot, deftigem Essen und kaltem Bier unterstützt wird, greifen die Sauerländer gern zu Naturheilmitteln, notfalls sogar zu Schnäpsen. Diese werden auch liebevoll als »Verteilerken« bezeichnet, weil sie dem Magen helfen, die Nahrungsbestandteile schnell an die weiteren Verdauungsorgane zu verteilen. So vermindern Verteilerken das Völlegefühl, leichte Übelkeit und schwere Blähungen. Außerdem schmecken sie astrein und machen, in Maßen genossen, kleine Wölkchen im Kopf. Das perfekte Maß für ein Verteilerken ist der Kurze, der aus einem kleinen Schnapsglas, dem sogenannten Pinn oder Pinneken, getrunken wird.

Zur Herstellung ihrer Schnäpse verwenden Sauerländer alles, was ihnen die Natur schenkt: Weiches Wasser, kräftiges Korn, vitaminreiches Obst und heilsame Kräuter. Beliebt war früher vor allem der aus Weizen gebrannte Korn. In einem Pinneken davon stecken fast

Woodland ist ein herb-frischer Dry Gin, der mit Sauerländer Quellwasser destilliert wird. Fichtenspitzen, Baumpilz und Löwenzahnwurzel sorgen in der Körpernote für einen waldig-erdigen Geschmack. Frische Brennnessel, hand-gepflückter Sauerampfer sowie Zitrusaromen runden den Geschmack spritzig ab.

Aus heimischer Gerste stammt das Malz, aus dem die Sauerländer Edelbrennerei in Kallenhardt ihren **Mc Raven Single Malt Whisky** herstellt.
Er wird in Ex-Rotwein- und Ex-Bourbonfässern gelagert und gewann im ersten Anlauf Silber beim Internationalen Wein- und Spirituosen-Wettbewerb.

400 Weizenkörner, also ungefähr so viele wie in einer Scheibe Brot. Im Gegensatz zur Brotscheibe muss man den Korn aber nicht aufwändig mit Butter schmieren, mit teurer Wurst belegen und zeitraubend kauen, sondern man kann ihn direkt verzehren. Ein kluges Prinzip, ähnlich der Astronautennahrung bei der NASA. Die amerikanische Raumfahrtbehörde hat sich auch bei der Wahl ihrer Raketentreibstoffe von Sauerländer Schnäpsen inspirieren lassen, und zwar vom berühmt-berüchtigten Strubbeligen. Mit seiner brisanten Mischung aus Korn und Kräuterschnaps befördert er die Menschen der Region seit Generationen zuverlässig in die Umlaufbahn. Als Nachteil wird dabei allerdings oft empfunden, dass man bei Strubbeligem nie weiß, wann und wo man später landet.

Wer auf Nummer Sicher gehen möchte und Schnäpse lieber genießt als kippt, findet im Sauerland ein breites Angebot vorzüglicher Spirituosenspezialitäten. Eine kleine Auswahl leckerer heimischer Verteilerken und Gourmetbrände steht in unserer abgebildeten Hausbar.

Ausschließlich heimische Früchte veredelt die Sauerländer Genussmanufaktur in Hemer zur **Sauerländer Streuobstwiese**, einem zweifach gebrannten Obstbrand, der beonders sanft und weich schmeckt, ohne dabei süß wie ein Likör zu sein.

Ganz Alter Schneider ist ein preisgekrönter Edel-Kornbrand, der in kleinen Eichenholzfässern gelagert wurde und dadurch einen bernsteinfarbenen Glanz und seine milde, feine und weiche Note bekommt.

Aus der Kornbrennerei Kemper in Olpe stammt der Kräuterlikör **Bergfeuer** mit über 40 ausgesuchten heimischen Kräutern. Der einzigartige 50-Prozenter schmeckt nicht nur kalt, sondern er wird im Sauerland auch gern brennend serviert.

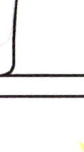

Ackern

WOMIT SAUERLÄNDER IHR GELD VERDIENEN

Während die Menschen am Rhein vom Weinausschank oder die Berliner von ihrer Luft leben können, mussten die Sauerländer schon immer wahne ackern, malochen, forsten, handeln und frickeln, um zwischen ihren tausend Bergen ein Auskommen zu haben. Beginnen wir mit dem Ackern.

Die Arbeit der Sauerländer Landwirte auf den kargen Böden Südwestfalens ist hart und mühselig. Für jede Pflanzkartoffel müssen sie ein Loch in die Grauwacke sprengen, ihre Pflüge sind aus Titan, ihre Traktoren mit Überrollbügeln für das Ackern in Hanglagen ausgestattet. Die meisten Bauern sind nicht dumm genug für dicke Kartoffeln und ihre Wiesen sind so nass, dass sie statt Rindern Forellen darauf züchten müssen. Bei Sauerländer Erntedank- festen sollen deswegen früher sogar die Flaggen auf Halbmast geweht haben, munkelt man.

Wer der Sauerländer Erde mehr abluchsen will als eine Tasse Gerste und zwei kleine Pellemänner pro Jahr, muss eins sein mit Mutter Natur und genau auf sie hören. Im Laufe der Jahrhunderte sind die Landwirte der Region daher zu echten Experten in Sachen Wetterregeln geworden und haben einen immerwährenden Bauernkalender für das Sauerland entwickelt, der auf den Folgeseiten abgebildet ist.

SAUERLÄNDER BAUERNKALENDER

Kommt Januar mit dichten Flocken
Kauf dich besser dicke Socken.

14. Februar (Valentinstag)
Streikt der Knecht auf Valentin
muss du ihn an den Ohren ziehn.

Im Märzen der Bauer die Rössel ausspannt
Weil zwei Wochen Malle, Sonne und Strand.

10. April (St. Engelbert)
Regnet es auf Engelbert
Hält er seinen Schirm verkehrt.

12. Mai (St.Pankraz, Beginn der drei Eisheiligen)
Schneit es Pankraz auf dein Schwein
Hol's rein.

Wenn's im Juni plötzlich schneit
Mach dich zur Schuppenkur bereit.

Weht Juliwind von Nord-Nordost
Hast du den Kompass wohl verkrost.

Kommt August mit heissem Hauch
Stell dich unterm Gartenschlauch.

29. September (Namenstag St. Michael)
Hat's Michaeli stark gegossen
Kauf dem Hofhund Taucherflossen.

21. Oktober: St. Ursula

Lacht Ursula mit Sonnenschein
schmeckt zur Not statt Bier auch Wein.

Allerseelen warm und trocken
Ist der Bauer vonne Socken.

Wirkt der Dezember schwarz und kalt,
nich wundern, denn so is der halt.

Malochen

Da im Sauerland früher Bergbau betrieben wurden, wurde die Region auch als »westfälisches Erzgebirge« bekannt. Anfangs bauten die Sauerländer das eisenhaltige Gestein nahe der Erdoberfläche ab, später ging es immer weiter in die Tiefe. Nichts für schwache Nerven, wie zum Beispiel der Name »Toter Mann« für ein Eisenerzvorkommen in der Nähe von Altena beweist. Dort sprach man früher das sogenannte Eisengebet:

»Segne diese löblichen Bergwerker und sprich, dass die Steine dieses Landes Eisen werden. Lass uns Erz aus den Bergen hauen, und gib Deinen Segen zu allerhand Eisen- und Stahldrahthantierung, damit wir durch das Metall, das Du uns gegeben hast, aus diesen unfruchtbaren Steinklippen unser täglich Brot haben können.«

Um das Eisen von Stein zu trennen und es glühend zu schmieden, brauchte man besonders heiße Feuer. Dafür erwies es sich als ganz praktisch, dass im Sauerland jede Menge Bäume standen, aus denen die Köhler endlos Holzkohle machen konnten. Die Wasserkraft der unzähligen Sauerländer Bäche und Flüsse brachte bald überall die Schmiedehämmer zum Wummern und die Blasebälge zum Pusten. Aus dem Eisen wurden vor allem Halbfertigware, Bleche und Draht hergestellt. Die Olper waren berühmt für ihr Blech, Altena gilt als die Wiege der Drahtindustrie und Iserlohn war lange die größte Industriestadt Preußens. Neben Wasserkraft und Eisen brauchte man für den industriellen Aufschwung aber auch Menschen, die Muckis hatten und malochen konnten, bis die Schwarte kracht. In anderen Worten: Waschechte Sauerländer.

Wenn Sauerländer abholzen, dann gründlich. Durch den hohen Bedarf an Holzkohle gingen die Waldbestände irgendwann rapide zurück und mancherorts gab es nicht mal mehr genug hohe Bäume für die Vogelstangen der Schützenfeste. Neuer Mischwald hatte auf den ausgelaugten Böden keine Chance, also wurden die weiten Kahlflächen mit anspruchslosen Fichten aufgeforstet. Heute stammen 90 % der Einnahmen in der Sauerländer Forstwirtschaft aus dem Verkauf von Fichtenholz, daher wird die Fichte auch als Brotbaum der Sauerländer bezeichnet.

Wenn die Fichte der Brotbaum ist, könnte man die Nordmanntanne wohl als Brötchenbaum bezeichnen, da sie der Star auf den Weihnachtsbaumplantagen ist, mit denen viele Sauerländer Waldbauern ihre Brötchen verdienen. Und den Schinken darauf. Jedes Jahr produzieren sie über zehn Millionen (!) Weihnachtsbäume und sind damit Weltmarktführer. Wat sonnz?

Verticken

Man sagt, dass das Sauerland vielleicht nicht der Arsch der Welt ist, aber dass man ihn von dort aus schon ziemlich gut sehen kann. Wer als Hersteller so weit vom Schuss wohnt, muss sich etwas einfallen lassen, wie seine Ware zum Kunden kommt. Da die Sauerländer von Natur aus wanderlustig sind, übernahmen sie die weltweite Lieferung heimischer Eisen-, Stahl und Holzwaren natürlich selber. Sauerländer Wanderhändler beherrschten zum Beispiel den internationalen Sensenhandel so lange, bis irgendwann Sense mit Sense war. 1804 schrieb der preußische Fabrikenkommissar Friedrich August Alexander Eversmann über die Winterberger Wanderhändler und ihr Talent zum Verticken:

»Dies ist eine eigene Gattung merkantilistischer Menschen. Zum Handel geboren, ist ihnen kein Land zu weit, keine Unternehmung zu groß, keine Gelegenheit zu schlecht. Sie durchstreifen ganz Europa, versteigen sich auch in andere Weltteile, haben ihre wandelnden Magazine und wissen ihre Ware auf eine Weise an den Mann zu bringen, die öfters mit possierlichen Zügen ihrer Schlauheit begleitet ist.«

Deswegen stimmt garantiert, was schon 1921 auf dem Winterberger Notgeldschein stand:

*»Columbus als er stieg an Land,
wer kam da angelaufen?
Ein Winterberger Handelsmann
und wollt ihm was verkaufen.«*

Dieser Spruch beweist, dass Sauerländer selbst in Zeiten wirtschaftlicher Not ihren Humor nicht verlieren. Einen besonderen Sinn für Humor sollte allerdings auch jeder haben, der den Sauerländern seinerseits etwas verticken möchte. Die erste Frage seiner potentiellen Kunden wird nämlich niemals eine zu Sinn, Nutzen oder Qualität sein, sondern sich stets mit der Preissituation beschäftigen. Der Sauerländer wird zuerst das Feilgebotene missbilligend anschauen, notfalls mit dem Fingerspitze antippen und den Verkäufer dann mit skeptischem Blick fragen: »Was soll der Scheiß denn kosten?« Das ist nicht persönlich gemeint, sondern als freundlicher Auftakt zum Verhandeln. Wer dabei erfolgreich sein will, sollte seine Erwartungen allerdings nicht zu hoch schrauben, denn im Sauerland war Geiz schon geil, als der Sack Rüben noch zwei Mammutzähne kostete.

Als der liebe Gott die Welt schuf, gab er sich beim Sauerland besondere Mühe. Dann formte er aus der feuchten Erde den ersten Sauerländer und hauchte ihm Leben ein. Dieser reckte und streckte sich, schaute sich nach allen Seiten um und fragte dann seinen Schöpfer: »Und wo is mein Fabriksken?« Heute gibt es fast so viele Fabriksken wie Fichten in der Region, in jeder Größe, von der Klitsche bis zum Weltmarktführer. Sauerländer waren nämlich immer schon besonders erfinderisch. Da es außer Bäumen nix gab und alle nix hatten, mussten sie notgedrungen alles selber machen. Als beispielsweise in Arnsberg einst die Glühbirnen knapp wurden, hängte man einfach mit Glühwürmchen befüllte Nylonstrümpfe anne Decke. Sauerländer sind nämlich keine Philosophen oder Theoretiker, sondern Männer und Frauen der Tat. Sie beginnen neue Projekte stets mit einem Selbstversuch und niemals mit grauer Theorie oder langweiliger Planung. Statt »Cogito ergo sum« (Ich denke, also bin ich) gilt »Experior ergo sum« (Ich probier's mal , also bin ich). IKEA packt beispielsweise schon seit 1996 bei Lieferungen ins Sauerland keine Aufbauanleitungen und Werkzeug mehr bei, weil solcher Kokolores nur was für Amateure ist. Oder für Siegerländer.

Im Sauerland gibt es daher heute jede Menge erfolgreicher Unternehmen. Manche davon sind sogar Weltmarktführer, auch »Hidden Champions« genannt, weil man ihre Fabriksken zwischen den tausend Bergen oft kaum erspähen kann. Dazu gehören zum Beispiel Firmen wie Grohe, Hoppecke, KettenWulf, Kostal, Borbet, Ritzenhoff Glas, Vossloh und bekannte Leuchtenhersteller wie Erco und Trilux. Nicht mehr dazu zählt leider die Holzlöffelmanufaktur von Ömmes Lohkamp aus Amecke, da Ömmes seit seinem Sturz vom Hochsitz nur noch halbtags drechselt.

Der Mut zum Experimentieren und Do-it-yourself spiegelt sich auch in der Sprache der Sauerländer wider. Sie frickeln anner Elektrik, fuckeln am Auto, friermeln Schnürsenkel durch enge Löcher im Schuh, prürteln in Hobbyräumen und Kellern, prockeln, knüstern, klüngeln, fäntern und brasseln, bis alles passt, wackelt und Luft hat. Das Ergebnis muss nicht perfekt sein, Hauptsache, man hat ohne fremde Hilfe und Gebrauchsanleitung geschafft, dass die Karre anspringt, das Billyregal nicht umkippt und das Eckige dank reichlich Schleifpapier letztendlich doch ins Runde geht.

Sauerländer Kulturbeutel

BRÄUCHE UND TRADITIONEN

Andere Länder, andere Riten. In England stopfen sich Männer bissige Frettchen in die Unterbuxe und stoppen, wie lange sie es aushalten. In Finnland gibt es eine Meisterschaft im Frauentragen, bei der man seine Liebste über einen Hindernisparcours trägt. Das würde im Sauerland beides nicht funktionieren. Bekloppte zum Mitmachen gäbe es zwar genug, aber Tiere kommen dort statt in die Hose auf den Grill und Sauerländerinnen werden grundsätzlich von ihren Männern auf Händen getragen. Sonst droht Ärger.

Gleichzeitig gibt es im Land der tausend Berge natürlich auch einige Traditionen, die sich für Briten, Finnen und Buiterlinge etwas seltsam anhören müssen. Da werden Eier auf Gullideckeln gebraten, bärtige Jungfrauen tanzen frühmorgens um einen Brunnen und erwachsene Männer lassen sich freiwillig mit dem Hintern auf Grenzsteine setzen. In Freienohl werden Heringe feierlich in der Ruhr beigesetzt, in Hallenberg braucht man Ohrstöpsel in der Osternacht und in Attendorn winken die Menschen mit Broten. Aus der Vielzahl der Sauerländer Bräuche haben wir nachfolgend drei besonders schöne ausgewählt.

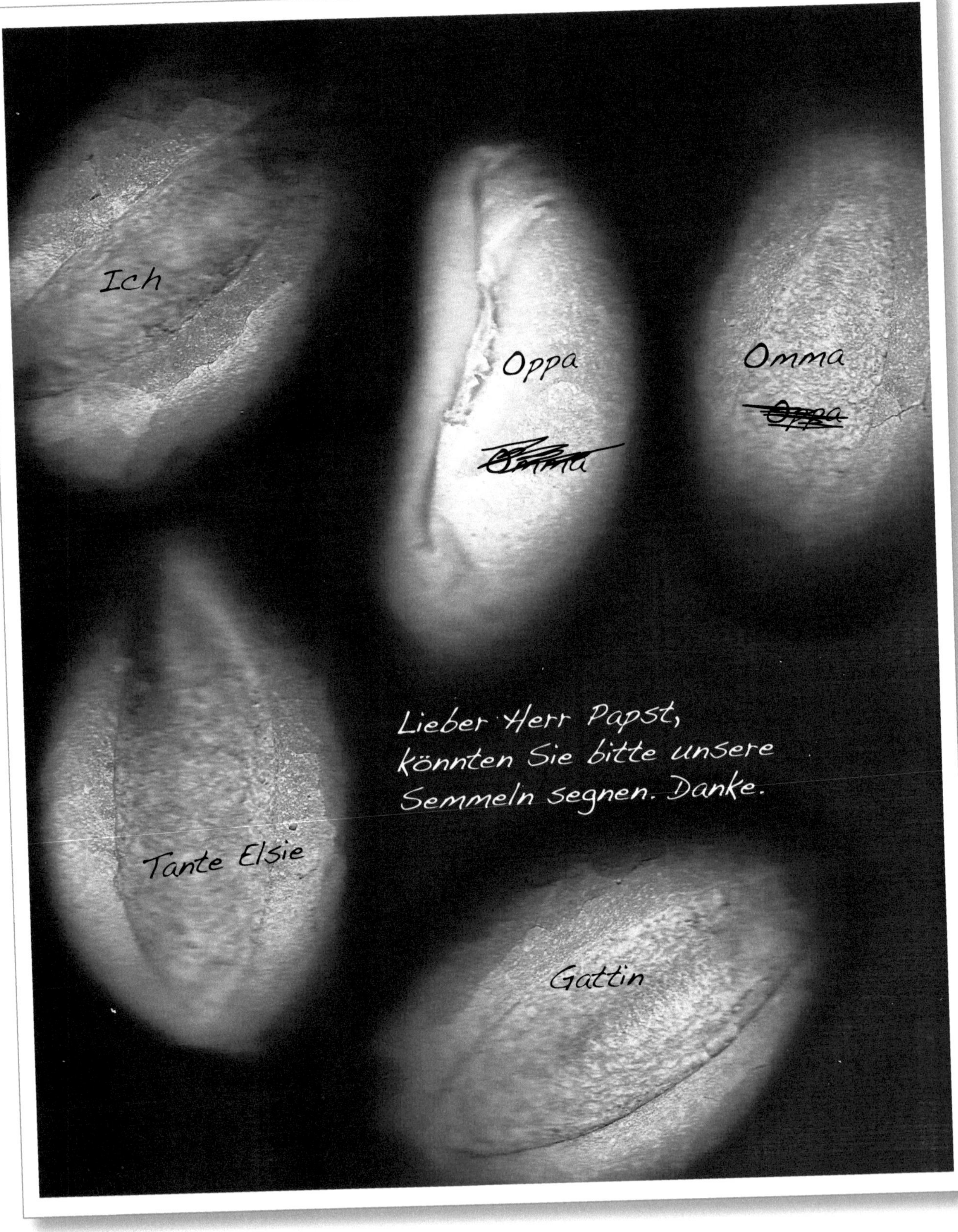

Ich

Oppa

~~Omma~~

Omma

~~Oppa~~

Tante Elsie

Lieber Herr Papst,
könnten Sie bitte unsere
Semmeln segnen. Danke.

Gattin

Semmelsegen

Jedes Jahr strömen am Ostersonntag tausende Gläubige zum Petersplatz in Rom, um vom Papst den Segen »Urbi et Orbi« zu empfangen und einen Ablass von ihren Sünden zu bekommen. Die preisbewussten Sauerländer sparen sich die hohen Reisekosten nach Italien natürlich. Als gute Katholiken wissen sie, dass es der Kirche ablasstechnisch schon reicht, wenn sie den päpstlichen Segen im Fernsehen, im Radio oder per Internet hören. Zum Attendorner Semmelsegen am Karsamstag muss man hingegen schon seit 1658 persönlich erscheinen – und das natürlich samt obligatorischem Ostersemmel. Das Brot einfach einzuscannen und zur Segnung per Mail an den Pfarrer zu schicken, reicht definitiv nicht.

Am frühen Nachmittag treffen sich die Attendorner an der Nordseite des Doms, um dort ihre Semmel segnen zu lassen. Um den großen Brotbedarf decken zu können, lassen die örtlichen Bäcker die Öfen glühen und produzieren rechtzeitig zum Segen über zehntausend spezielle Ostersemmel. Diese bestehen aus Roggen, Weizenmehl, Sauerteig, Salz und einer guten Prise Kümmel. Schmeckt astrein mit guter Butter, Knochenschinken und Gürkchen oben drauf! Ein leckeres Osterei dazu ist auch nie verkehrt. Jeder Ostersemmel hat an beiden Enden eine tiefe Kerbe. Warum das so ist, weiß eigentlich niemand so richtig. Die einen sagen, dass die Form dem christlichen Symbol des Fisches entspricht, die anderen, dass der Semmel an germanische Ziegenhörner erinnert und heidnisches Brot durch den Segen zu Osterbrot gewandelt wird. Unser Omma isst es trotzdem nicht, die mag nämlich keinen Kümmel. Dabei macht der Kümmel im Ostersemmel absolut Sinn, denn wer tatsächlich 40 Tage lang gefastet hat und sich dann als erstes ein frisches Brot reinhaut, dem hilft Freund Kümmel zuverlässig bei der windarmen Verdauung.

Schnadegang

Echte Sauerländer gehen gern an ihre Grenzen. Und zwar nicht nur an der Theke und beim Sex, sondern auch rund um ihre Heimatgemeinden. Denn dort befinden sich die Grenzmarkierungen zum Gebiet der Nachbargemeinden, und deren Bewohner haben schon immer gern mal die Grenzsteine oder Grenzpfähle verrückt, um ihr Territorium ein wenig zu erweitern.

Aus diesem Grund werden seit dem 14. Jahrhundert alljährlich – in Brilon alle zwei Jahre – gemeinsam mit den Grenznachbarn die Ortsgrenzen abgeschritten, um sich deren Verlauf in Erinnerung zu rufen und Konflikte zu vermeiden. Dieser Grenzmarsch wird als »Schnadezug« oder »Schnadegang« bezeichnet. »Schnade« stammt aus dem Sauerländer Platt und heißt Schneise oder Grenze. Damit sich unerfahrene Erstteilnehmer auch wirklich genau merken, wo ihre Heimatorte anfangen und wo sie aufhören, werden die Schnadenovizen von erfahrenen Schnadebrüdern gepackt und dreimal gestutzähst, also mit dem Hintern auf die Schnadesteine gesetzt. Schön mit Schmackes, so prägt sich alles gleich richtig ein.

Im armen Meschede hingegen konnte man sich früher nur billige Grenzpfähle und keine haltbaren Grenzsteine leisten, deswegen heißt die Arschnummer dort Poahläsen, wobei »Poahl« für Pfahl steht, und »Äsen« für den Äs. Jeder Sauerländer weiß, dass nur der sich Poahlbürger nennen darf, der bei einer Schnade auf mindestens einem der Pfähle gesessen hat. In der offiziellen Poahläs-Urkunde des Sauerländer Gebirgsvereins bekommt man die Beschreibung eines echten Poahlbürgers sogar schriftlich:

»Nur der hinter diesen Pfählen lebende Bürger ist ein Poahlbürger, aufrecht, standhaft und beständig wie die ihn als Grenze umgebenden, ebenso schützenden wie von ihm beschützten Pfähle.«

Der größte Schnadezug findet alle zwei Jahre in Brilon statt und hat in etwa den Umfang einer Völkerwanderung. Seit 1388 geht man dort jeweils ein Fünftel der Stadtgrenzen ab, denn ansonsten wären die satten 130 Grenzkilometer selbst für den wanderfesten Sauerländer etwas zu viel für einen Vormittag. Wer in zehn Jahren fünfmal mitgegangen ist, darf stolz behaupten, einmal rum zu sein. Und das zählt in Brilon mindestens genauso viel wie andernorts eine Alleinumseglung der Erde.

Lütke, Lütke, Fastenacht, wir hab'n gehört,
ihr habt geschlacht, ihr habt ne dicke Wurst gemacht,
gebt uns eine, gebt uns eine,
aber nicht so ne ganze kleine.
Lasst das Messer sinken,
bis in den fetten Schinken,
Lasst uns nicht so lange stehen,
wir woll'n noch ein
Häuschen weiter
gehen!

Lütke Fastnacht

Wenn er dreimal an der Tür klingelt, will der Postmann vielleicht nur ein Päckchen ausliefern. Schellt es allerdings Sturm und draußen steht eine hungrige Satansbrut vermummter Zwerge, dann hilft nur noch ein Stoßgebet zum Heiligen Sankt Haribo. Bei den Zwergen handelt es sich zum Beispiel in Oeventrop um bis zu vierhundertfünfzig Kinder aus Kindergärten, Grund- und Hauptschulen, die auf der »Lütken Fastnacht«, dem letzten Donnerstag vor der Fastenzeit, erst in einem fröhlichen Karnevalszug durch den Ort ziehen und dann am Nachmittag traditionell an den Türen des Ortes klopfen, um was zum Naschen oder zum Trinken zu ergattern. Dieser Fastnachtsbrauch stammt aus einer Zeit, in der am Donnerstag vor Aschermittwoch zum letzten Mal geschlachtet wurde und im dabei gewonnenen Fett die leckeren, zuckersüßen Fastnachtskrapfen gebacken wurden. Ein Fest für alle kleinen Schmecklecker, an das die Lütke Fastnacht noch heute erinnert.

Wenn Horden hungriger Kinder samt Kindergärtnerinnen und Lehrerinnen über den Ort herfallen, sollte man bestens gewappnet sein. Kluge Einwohner kellern deshalb schon rechtzeitig billige Marzipankartoffeln ein oder entsorgen jetzt das hart gewordene Weihnachtsgebäck. Viele Sauerländer freuen sich schon das ganze Jahr auf den fröhlichen Besuch und backen Waffeln oder stellen Wurstbrötchen und Capri-Sonnen bereit, denn schließlich wird ihnen zum Dank dafür auch ein kleines Ständchen gebracht:

♪ Lütke, Lütke, Fastenacht ♫

Dem begleitenden Erziehungspersonal wird an vielen Haustüren ein Tablett mit Schnäpsen angeboten. Da man Vorbildfunktion hat und es die sauerländische Höflichkeit gebietet, greifen alle gerne zu und tragen so aktiv zur Erhaltung eines uralten regionalen Brauches bei. Prost!

Schützenfest!

Die fünfte Jahreszeit

Die Schützenfestsaison ist für Sauerländer die fünfte Jahreszeit. Vom Frühsommer bis in den Herbst wird garantiert irgendwo ein Vogel abgeschossen und der stolze Schützenkönig oder die Schützenkönigin danach tagelang und ausgiebig gefeiert. Diese Tradition gibt es nun schon seit dem 13. Jahrhundert und trotz ihrer langen Geschichte gelten Schützenfeste auch heute noch als schwer angesagt.

Schützenvereine und Schützenbruderschaften wurden im Mittelalter als Bürgerwehren gegründet, die Sauerländer Städte und Gemeinden vor Räuberbanden und Plünderungen schützen sollten. Das jährliche Wettschießen diente dabei als Waffenübung. Im Laufe der Jahrhunderte wurde die Aufgabe der Landesverteidigung dann vom Militär und regulären Truppen übernommen. Seitdem kümmern sich die Schützenvereine um die Wahrung ihrer Tradition und die Pflege heimatlichen Brauchtums. 170 000 Sauerländer sind Mitglied in einem oder mehreren Schützenvereinen, fast jeder Ort Im Sauerland hat seine eigene Schützentradition, eine eigene Schützenhalle und meistens irgendein beklopptes Schützenritual. Im Mittelpunkt der tollen Schützentage stehen vor allem die Gemeinschaft, gesellige Kontaktpflege und viel Spaß. Auf Neudeutsch: Community, Social Networking und Fun. Dazu noch eine Prise Flirt and Pils and Rock'n'Roll, und schon wird klar, warum Schützenfeste so beliebt sind.

Wer zwei oder drei Schützenfesttage durchfeiern möchte, sollte körperlich fit sein, von Currywurst-Pommes leben können und sich an die nachfolgenden ehernen Trinkregeln für Sauerländer Schützenfeste halten.

TRINKREGELN FÜR
SAUERLÄNDER SCHÜTZENFESTE

1. Niemals nur ein Bier bestellen

Wer knickrig ist, sollte besser zu Hause und beim Dosenbier bleiben.
Beim Bestellen einfach eine Zahl zwischen 10 und 50 zeigen oder
rufen, Abnehmer finden sich immer. Nicht fragen, wer noch
eins will, schließlich will jeder und immer. Das hier ist
Schützenfest, keine Krabbelgruppe.

2. Strom nicht abreißen lassen

Bei halbleeren Gläsern sofort die nächste Runde
ordern und jedem ein neues Glas in die Hand
drücken. Wer mit zwei vollen Gläsern an der
Theke steht, ist für ein Schützenfest eindeutig
zu langsam. Oder einer von auswärts.

3. Vorsicht bei Kurzen

Wer zwischendurch Schnäpse als Beschleuni-
ger ordert, sollte sich vorher vom Tresenfach-
personal den Beipackzettel auf der Flasche
zeigen lassen. Einige der beliebten Bunten
stammen aus defekten Lavalampen, mancher
Korn eignet sich höchstens zum Stiefelputzen.
Strubbeliger, also Korn mit Magenbitter, ist
nach den Genfer Konventionen international
geächtet, er fordert zu viele unschuldige Opfer.

4. Trinkpausen einlegen

Damit nicht schon um acht die Lampe brennt
oder sogar das Licht ausgeht, sollte man
zwischendurch ein Päusken machen und anne
frische Luft. Wem es vor der Halle oder dem Zelt
schwindelig wird, weil er den ganzen Sauerstoff nicht
verträgt, der sollte das wichtigste Notsignal kennen:
Arm heben, Mittel- und Ringfinger zu einem V formen und Richtung Bierbude
winken. Das geschulte Personal wird schnell für Erste Hilfe sorgen.

5. Feste Unterlage schaffen

Ab und zu eine Mantaplatte oder ein Fettriemen mit Senf sind die besten Mittel, um nicht zu schnell betrunken zu werden. Das hat natürlich nichts mit Schwammwirkung zu tun, mit Alkoholabsorption oder mit Mineralstoffen, sondern allein damit, dass man in einen Mund voller Pommes und Majo kein Pils schütten kann.

6. Tanzbein schwingen

Solange beide Beine den Holzboden berühren und über den eigenen Schuhspitzen kein Zelt- oder Hallendach erscheint, kann man noch tanzen. Rhythmisches Rumhoppeln macht Spaß und hilft dabei, sich ein paar Pils vonne Rippen zu schwitzen. Die kurze Pause, die man auf den Notarzt wartend unter dem Kleinholz der Tische verbringt, weil die Ledersohlen zu glatt für die Polka waren, sorgt zusätzlich für eine klare Birne.

7. Sekt und Wein, die lass sein

Am Rhein trinkt man Sekt, an der Mosel trinkt man Wein, auf einem Sauerländer Schützenfest Bier. Die Sektbar oder Winzerstube auf einem Schützenfest ist ausschließlich für Besucher aus befreundeten Bundesländern gedacht, falls sie Heimweh kriegen.

8. Vorsicht bei der Wahl des Fahrgeschäfts

Das Karussell auf der Festwiese sollte zum Bierpegel passen. Die gleichmäßige Rotation eines Kinder- und Kettenkarussells ist nach 20 Pils meist noch verkraftbar, alles, was schneller ist, sich überschlägt oder nach oben katapultiert wird, kann zu einem unerwartet schnellen Wiedersehen mit der letzten Currywurst führen.

9. Konsum kontrollieren

Falls dein Bier ungewöhnlich hell und klar wirkt und den Durst nicht so richtig löscht, ist das Glas leer. Schmeckt dein Bier sehr trocken und dein Bauch ist nass, hast du deinen Mund beim Trinken nicht geöffnet oder das Glas an die falsche Gesichtspartie gehalten. Siehst du zwischen deinen Fußspitzen den Hallenausgang näherkommen, trägt man dich gerade nach Hause.

10. Strategischer Rückzug

Auch wenn alle Freunde dich ein Weichei schimpfen, wenn du um fünf Uhr morgens den Heimweg antreten möchtest, sei stark: Verzichte auf die letzten Absacker, geh nach Hause. Um diese konsequente Haltung wird man dich beneiden, wenn ihr euch knapp anderthalb Stunden später zum Frühschoppen trefft.

SAGENHAFTE SAUERLÄNDER

Fast um jeden der weit über tausend Sauerländer Berge rankt sich eine alte Überlieferung, die in dunkle Wälder, tiefe Täler und zu sprudelnden Zauberquellen führt. Hier lauern teuflische Hexen und mordlustige Gesellen, dort spuken unheimliche Geister und riesige Hunde, es glitzern Zwergenschlösser und verlockende Goldschätze, es klirren die Heldenschwerter und flüstern die sagenhaften Hollen in ihren Höhlenverstecken. Wer Sauerländer Sagen und Märchen schon als Kind erzählt bekommt, den kann im späteren Leben kaum noch etwas umhauen.

Kaiser, Könige, Prinzessinen und verzauberte Prinzen? Fehlanzeige. Die meisten Hauptpersonen in den Legenden der südwestfälischen Regenwälder sind Köhler, Bauern, Tagelöhner und arme Menschen auf der Suche nach etwas Glück. Die träumen nicht vom halben Königreich oder ewiger Jugend, sondern wünschen sich erst einmal, dass der Werwolf ihnen vom Nacken steigt und sie es lebend aus dem finsteren Wald nach Hause schaffen. Oder, wie im Falle der Landenbecker, dass sie nur ein einziges Mal ohne harte Arbeit genug Fleisch auf den Tisch bekommen.

Wie die Landenbecker einen Ochsen gesät haben

»Schon lange hatten sich die Landenbecker danach gesehnt, einen großen und kräftigen Viehbestand zu besitzen wie die Bewohner ihrer Nachbardörfer. Und wie sie nun gemeinsam über die Mittel und Wege dazu berieten, erklärte ihnen ein besonnener, in Weisheit ergrauter Mitbürger, wie dieses hohe Ziel am einfachsten zu erreichen wäre. »Wollt ihr Kartoffeln ernten«, sagte er, und seine Augen leuchteten nur so vor klarer Erkenntnis, »da pflanzt ihr die Stücklein kleingeschnittener Kartoffeln in die Erde. Und aus jedem Stücklein wachsen später zehn bis zwölf frische Kartoffeln.« Das wussten die Landenbecker natürlich und sie nickten zustimmend mit den Köpfen. »Nun gut«, fuhr der Weise triumphierend fort, »warum sollte Mutter Natur das nicht auch mit andern Erzeugnissen schaffen?« »Ganz richtig!«, sagten die andern. »Wohlan denn«, rief er begeistert aus, »nun zeigen wir einmal der dummen Welt, dass sich auch der Viehbestand auf einfachste Art und Weise durch die Natur selbst vermehren lässt.« Alle sahen auf den klugen Mann. »Ja, freilich«, fuhr er fort, »da staunt ihr, woll? Hört auf meinen Rat! Nehmt einen Ochsen, schlachtet ihn, zerteilt ihn in kleine Stücke und sät die Stücklein auf das Feld. Es wäre doch seltsam, wenn aus ihnen nicht, ganz wie bei den Kartoffeln, kleine Öchslein wachsen würden.« Also sprach er, setzte sich und wischte sich den Schweiß von der Stirn. Alle aber wunderten sich, dass noch niemand auf diesen klugen Gedanken gekommen war.

Kurz darauf wurde auf Gemeindekosten ein kräftiger Ochse gekauft, geschlachtet, zerteilt und ausgesät. Und dann wartete man in Landenbeck voller Spannung einige Tage, dass die Öchslein endlich sprießen. Und siehe, schon bald kam ein Mann atemlos angelaufen und rief: »Hurra, hurra, die Öchslein sind schon da!« Alles, was Beine hatte, lief, so rasch diese nur tragen wollten, neugierig los. Und richtig! Voller Staunen und mit heiligem Schauder standen die Landenbecker rings um das weite Feld, bückten sich immer wieder und bewunderten die zahlreichen kleinen Öchslein, die an den Fleischstücken saßen. Irgendwie sahen sie zwar so aus wie Schnecken und hatten auch keine Beine. Aber zwei Hörner trugen sie immerhin schon, richtige Hörner! Begeistert führte man den Mann, der den weisen Rat gegeben, im Triumphzug nach Landenbeck zurück. Wie würde die Welt staunen!

Als aber mehrere Tage vergangen waren und die schleimigen Öchslein nicht größer werden wollten, wurden die Gesichter der Landenbecker immer länger. Der kluge Ratgeber behauptete, das läge einzig und allein daran, dass man die Öchslein nicht ausreichend gedüngt und begossen hätte. Das leuchtete allen ein und man beschloss frohen Mutes, es beim nächsten Mal besser zu machen.«

Andernorts machte derweil ein berühmter Sauerländer keinen Ochsen zur Schnecke, sondern die frech gewordenen Römer. Der starke Hermann brachte den erfolgsverwöhnten Legionen der Sage nach an Ruhr und Lenne das Fürchten bei. Ob es sich dabei um den selben Hermann handelt, unter dessen Führung die Römer in der Varusschlacht im Jahre 9 nach Christus ordentlich was von den Germanen auf die Glocke bekamen, ist nicht bekannt. Der Beschreibung nach hört er sich aber schwer nach einem Sauerländer an, woll.

Der starke Hermann

»Als die römischen Truppen Germanien eroberten, kamen sie schon bald bis an Ruhr und Lenne. Unter denen, die sie dort zur Fronarbeit zwangen, war auch ein großer, gutmütiger Kerl mit der Kraft eines Riesen. Die Leute nannten ihn den starken Hermann.

Als sein erster Arbeitstag kam und die übrigen Fronleute schon lange in der Scheune beim Dreschen waren, lag Hermann noch auf dem Stroh und schnarchte. Da die Römer ihn deswegen ausschimpften, lachte er nur und sagte, sie müssten sich nicht sorgen, schließlich würde er gleich nach dem Aufstehen so um die hundert Wagenladungen voller Stroh dreschen – und zwar ganz alleine. Gesagt, getan. Hermann drehte neun Wagenseile zu einer Schlinge zusammen, band sie an einen Wiesenbaum und hängte dann eine Ackerwalze daran. Mit diesem gewaltigen Dreschflegel machte er sich an die Arbeit. Hermann schlug mit

solcher Kraft zu, dass die Pfannen vom Dach flogen. Um die Mittagszeit waren die hundert Fuder fein säuberlich gedroschen und das Stroh lag in riesigen Haufen aufgeschichtet. Als Lohn hatte er mit den Römern einen Karren voll Stroh abgemacht. Hermann aber lud den Karren so hoch, dass ihn selbst zwei Ochsen nicht ziehen konnten. Also riss er ihre dicken Zugseile ab, als zupfe er an einem Zwirnsfaden, warf die beiden Ochsen oben auf das Stroh und zog den Karren selber fort, ganz so, als wäre es eine Kleinigkeit.

Das machte die Römer natürlich wütend und sie wären Hermann gern losgeworden. Darum sagten sie am nächsten Tage zu ihm: »Geh hinab zum Brunnen! Er ist voller Unrat. Mach ihn gründlich sauber, dann hast du dir dein Abendessen wohl verdient!« Der starke Hermann stieg also in den Brunnen hinab. Der war aber fünfzig Klafter, also fast hundert Meter, tief. Die Römer liefen schnell herbei und warfen schwere Steine hinunter auf den armen Kerl. Der aber wurde nur ein wenig unwirsch und rief: »Verjagt doch mal die Hühner, die scharren mir von oben Dreck auf den Kopf!« »O weh!«, dachten die Römer, »hat der ein dickes Fell! Dann müssen wir es wohl anders versuchen.« Sie rollten einen großen Viehtrog heran, stürzten ihn in den Brunnen und hofften, dass ihr Knecht davon erschlagen würde. Aber tief unten lachte der starke Hermann nur laut, denn er glaubte, dass man ihm einen kleinen Streich gespielt hätte.

Nachdem er seine Arbeit zu Ende gebracht hatte, kletterte er wieder zu Tage. Das war leider ein wenig mühevoller als das Hinabsteigen zuvor, denn die arglistigen Römer hatten die Leiter herausgezogen. Als der starke Hermann wieder an der freien Luft stand, sah er die feigen Gesellen über den Acker flüchten. Er lief ihnen nach und holte sie rasch ein. Während sie ihn in ihrer Todesangst um Gnade anflehten, sah er sie ganz verwundert an und sagte dann lachend, dass er solche kleinen Scherze durchaus gewohnt sei und sie ihn nicht weiter stören würden. Aber nun wolle er endlich etwas essen, denn die Kühle des Brunnens habe ihn überaus hungrig gemacht. Da mussten ihm die Feiglinge einen ganzen fetten Ochsen braten. Der starke Hermann tat sich gütlich daran und ließ nicht einen einzigen Knochen zurück.«

Im weiteren Verlauf der Sage | verprügelt Hermann jede Menge Teufel,
steigt in die Hölle, tritt dem Ober- | satan in den Hintern und verjagt zum
guten Schluss natürlich | noch die frechen Römer. Das Ganze
erledigt er innerhalb von fünf | Arbeitstagen, mehr brauchen
echte Sauerländer Kerle | bis heute nicht, um wahre
Heldentaten zu | vollbringen.

SAUERLÄNDER HUMOR

 Harte Arbeit, karge Böden, dichter Regen und fiese Borkenkäfer: Wer im Sauerland lebt, hat nichts zu lachen, sollte man meinen. Genau das Gegenteil ist der Fall. Sauerländer lachen viel, gerne und am liebsten über sich selber. Bester Beweis dafür sind ihre Dönekes oder Vertelleken, wie sie ihre lustigen mündlich überlieferten Kurzgeschichten nennen. Onkel Wikipedia bezeichnet Dönekes ganz vornehm als literarische Kleinstform. Da hat er offenbar nie mit Oppa Schulte an der Theke gesessen, dessen legendäre Dönekes immer mit »Hömma, habbich dir eigentlich schon erzählt …?« begannen und Stunden später und mit »den Rest kannze dir ja denken« ohne erkennbare Pointe endeten. Gelacht hat dann trotzdem jeder, weil man seine Dönekes schon als Kind auswendig kannte. So isser Oppa ehmt, woll?

 Dönekes schreibt normalerweise nicht auf, sondern man erzählt sie sich. Niemals auf Hochdeutsch, sondern auf Sauerländisch. Ältere Mitbürger mischen noch Platt mit drunter, was den Geschichten besonderen Charme verleiht. Dönekes erzählt man allerdings nicht jedem, sondern nur Menschen, die man kennt oder die jemanden kennen, den man kennt oder solchen, die einem zwei bis drei Pils ausgeben. Mindestens. In seiner kürzesten Form kann das Döneken als einfacher Zweizeiler daherkommen, wie ein mundartlich erzählter Witz, bei Oppa Schulte als längere Kurzgeschichte mit Tendenz zum Roman. Nachfolgend einige Beispiele.

 Der Werdohler Polizist Wigginghaus sollte einen Landstreicher, der um die Häuser geschlichen war, zur Aufnahme seiner Personalien zum Amt bringen. Da Werdohl noch kein Amt hatte, machte er sich also mit dem Verdächtigen auf den langen Weg zum Amt in Neuenrade. Schon kurz nach dem Aufbruch ging Wigginghaus ins Wirtshaus von Hennes Röther und ließ den Landstreicher draußen warten. Er bat Hennes, dass er ihm ein Bier zapfen möge, und erklärte ihm die Sachlage:
»Ich muss den Kerl da draußen nach Niggenrode schaffen – hoffentlich büxt er aus.«
Dann trank er in Ruhe sein Bier.
»Kuck mal raus, Hennes, isser schonn wech?«
»Nee, der steht noch da.«
»So ein Dussel! Dann mach mir nochen Bier.«
Er trank das Bier sehr langsam aus.
»Kuck doch noch mal.«
»Nee, du, der steht immer noch da.«
Wigginghaus wischte sich das Bier von den Lippen
und schüttelte den Kopf:
»Maug ick doch verdorie mit dem Kerl getz in der Hitze nach Niggenrode hoch!«

Dickehage und sein Jaust fahren mit dem Jauchewagen Richtung Feld. Leider etwas zu schnell. In einer Kurve gerät der Jauchewagen ins Schlingern, kippt um und die ganze Gülle ergießt sich über die Straße. »Verdammte Hacke!« flucht Dickehage. Sein Kurzer fängt sogar an zu weinen: »Getz hammwe das ganze Jahr umsonnz geschissen, Pappa!«

Schauertes Jochen is inne Pilze. Da sieht er, wie zwei Jäger schwitzend und fluchend ein frisch erlegtes Wildschwein in Richtung ihres Autos ziehen. Jochen erkennt ein Siegener Kennzeichen, grinst und ruft ihnen zu: »Kein Wunder, dat dat so schwer geht, ihr zieht dat Schwein ja entgegen seine Borsten!« Die beiden Siegerländer bedanken sich für den Tipp und ziehen das Schwein nun so, wie die Borsten gewachsen sind. Nach zehn Minuten sagt der eine zum anderen: »Also leichter geht's, aber irgendwie kommen wir immer weiter weg vom Auto.«

Dockter Krämer sagt zum alten Lengelsen:
»Das tut mir nu wahne leid, aber ich hab leider keine gute Nachricht für dich – du wirs nich mehr lange leben.«
»Hör mir op«, antwortet Lengelsen, »kannze mir denn ganich mehr helfen?«
»Nä. Ich kann dir aber gerne nochen paar Moorbäder verschreiben.«
»Un die tuhn helfen?«, fragt der Alte.
»Nä, helfen tuhn die nich,« sagt der Dockter, »aber so kannste dich schomma an die nasse Erde gewöhnen, woll.«

Mal wieder Hochwasser anner Lenne. Schulte und seine Frau schauen aus der Dachluke besorgt auf die wilden Fluten, als eine blaue Kappe vorbeischwimmt. Sacht Schultes Frau: »Kumma, da is wohl einer ertrunken!«
Sacht Schulte: »Nä, das is Kalleinz, der mäht bei jedem Wetter.«

»Oppa, schreibt man Gewehr mit »e« oder mit »ä«?
Oppa überlegt. »Dat weet ick ook nich. Schriev doch einfach »Flinte« met V wie Pfingsten.«

Das Wartezimmer bei Dockter Funke ist rappelvoll. Als er den nächsten Patienten ins Sprechzimmer holt, ruft ihm die Frau des Fabrikanten ungeduldig zu:
»Wie lange soll ich denn hier noch bei ihnen warten? Ich bin schließlich Privatpatientin!«
Der Dockter schaut kurz zu ihr rüber und sagt: »Privat? Wenn dat so is, dann darfsse dir gerne nochen zweiten Stuhl für zum Warten nehmen.«

WO DER SPASS AUFHÖRT

Die uralte Grenze zwischen dem katholisch-kurkölnischen Sauerland und dem protestantisch-hessisch-nassauischen Siegerland, auch Kölsches Heck genannt, spielt heute längst keine Rolle mehr, wird behauptet. Außer, wenn man stolzer Sauerländer ist, denn für den hört der Spaß manchmal doch noch genau an dieser Grenze auf. Das beweist der nachfolgende wahre Fall eines Sauerländer Amtrichters. Für Nicht-Sauerländer: die Orte Welschen Ennest und Heinsberg liegen beide im südlichen Sauerland, dicht am Kölschen Heck.

»Schützenfest in Welschen Ennest. Eine laue Sommernacht, fröhliche Stimmung, keine Keilerei. Zahlreiche Festbesucher genossen die Feier auf dem Schützenplatz, als der augenscheinlich stolze Besitzer eines alten Cabrios die große Show abziehen wollte. Mit einigen Gleichgesinnten an Bord kurvte er langsam über den Platz. Doch niemand beachtete den Angeber. Bis er einen leicht angesäuselten Jüngling mit dem Außenspiegel streifte, danach aber unbeirrt weiterfuhr. Hinter ihm ergoss sich eine Schimpfkanonade: Arschloch, blöde Sau, Lackaffe – der Jüngling verschaffte sich lautstark Luft. Der Cabrio-Fahrer entschloss sich, die Beleidigungen geflissentlich zu überhören. Bis er vernehmen musste:

»Du blöder Siegerländer!«

Der Fahrer erstarrte, stoppte sein Vehikel, sprang heraus, sauste auf den Beleidiger zu und vermöbelte ihn nach Strich und Faden. Auf diese schlimmste aller Beleidigungen, die zudem unrechtmäßig erfolgte, habe er nicht anders reagieren können, verteidigte er sich vor Gericht. Er stamme nämlich aus Heinsberg.«

1

2

3

4

5

6

7

8

9

10

11

STILLE STARS DER TAUSEND BERGE

Richtig berühmte Sauerländer oder gar Weltstars gab und gibt es nicht wirklich, wenn man mal von den singenden Geschwistern Leismann aus Schmallenberg (»Ein Schlafsack und eine Gitarre«) und Heinrich Lübke aus Enkhausen absieht, von 1959 bis 1969 deutscher Bundespräsident. Lübkes Heinrich war kein begnadeter Redner, verzichtete als mutiger Sauerländer aber trotzdem meist auf hinderliche Manuskripte und begeisterte sein Publikum durch spontane Direktansprache. Zitat:

»Sie müssten eigentlich mehr Beifall spenden, weil ich zwischendurch trinken muss, um meine Stimme zu schonen.«

Woran liegt es, dass es nicht mehr prominente Sauerländer in die Rock & Roll Hall of Fame oder auf den politischen Olymp geschafft haben? Warum gibt es nur so wenige märkische Nobelpreisträger, Olper Oscar-Gewinner oder Arnsberger Astronauten? Die Antwort ist einfach: Sauerländer sind und mögen einfach keine Angeber. Nur Jäger, Angler und Jung-schützen dürfen manchmal ein wenig übertreiben. So kommt es, dass das Land der tausend Berge zwar jede Menge geniale Köpfe und Helden hervorgebracht hat, diese aber lieber still und bescheiden blieben, als im Ort als Backenbläser, Dicketuer oder Strunzkunte zu gelten. Damit ihre Namen und Gesichter nicht vergessen werden, haben wir exklusiv für dieses Buch eine Galerie mit einigen der stillen Stars des Sauerlands zusammengestellt.

1. Fritz Pulle, Sundern, Erfinder der Pullewanne und des wasserfesten Gesangbuchs
2. Werner Geiermann aus Rüthen, Erfinder der Stimmungskanone
3. Ströppken Mertens, Gründerin der Internationalen Melkschule Menden
4. Matta Lengelsen, Marsberg, Entdeckerin des Kolbenantriebs
5. Hotte von Eiringhausen, Europameister im Heissbiertrinken
6. Ottmar Schauerte, Bart-und Gestrüppforscher aus Nuttlar
7. Friede Eierkuch, Erotikstar aus Willingen
8. Hans und Erna Schluckebier, Fretter, Weltmeister im Synchronferkeln 1928
9. Klara Korn, Letmathe, Oscargewinnerin mit »Das Ei aussem Konsum«
10. Graf Koks vonne Gasanstalt, Kückelheim, Erfinder der Kopfstütze
11. Oppa Schulte, Oeventrop, Seniorenweltmeister im Weichkloppen

RESÜMEE

Der Sauerländer passt so leicht in keine Schublade. Es sei denn, es handelt sich um eine riesige Setzkastenschublade, die so groß ist wie das Sauerland und reichlich Fächer für jede typische Sauerländer Eigenart hat:

1. eins für die einmalige Art zu quasseln

2. eins für die Leidenschaft für Schützenfeste und die Holzvogelzucht

3. zwei für die Freude am Frickeln und das Talent zum Geschäfte machen

4. zwei für den Bock auf Bier und die Lust auf Wurst aus der Dose

5. eins für den Humor und die Fähigkeit, sich selber auf den Arm nehmen zu können

6. drei für das Echte, das Direkte, das Ehrliche

7. ein großes für die Verbundenheit zur Heimat, das Land der tausend Berge

und hundert weitere Fächer für alles andere.

Wären die Teile in diesem Setzkasten einzelne Buchstaben, könnte man daraus einen einzigen Satz bilden, in dem alles drinsteckt und dem alle Sauerländer beipflichten werden:

SAUERLÄNDER.
Besser geht's nicht.

Bildquellen

Rückseite: Junge auf Stuhl: MicahWeber/istock; Schützenfest: Benedikt Stratmann. Seite 14 gerasimov_foto_174/shutterstock. Seiten 16/17/18 Pixabay. Seite 20/21 Illustration: Derek Pommer; Idee: Daniel Köhne für www.sauerlandstyle.com. Seite 23 Nadia Stepanyuk/shutterstock. Seite 32 Jeans: crystalfoto/shutterstock. Seite 34 Pixabay. Seite 40/41 Illustration: Derek Pommer. Seiten 42/44 alle Fotos von Pixabay und Pexels bis auf: »Muckis« (created by freepik); »plästern« (designed by Creativeart/Freepik.com); »Unterbuxe« (created by Mrsiraphol/Freepik.com). Seite 46 Alex Cherepanov/shutterstock. Seite 50 sensorspot/istock. Seite 52/53 Hauptmotiv: Lolostock shutterstock; Füße: Peter Hermes Furian/shutterstock. Seite 54 Hintergrundmotiv: De Repente/shutterstock. Seite 56 Junge auf Stuhl: MicahWeber/istock. Seite 58 Niklas Thiemann. Seite 65 Illustration: DenisMetz. Seite 68 Pixabay. Seite 72 Dmitry Galaganov/shutterstock. Seite 74 alexkich/shutterstock. Seite 78 pArcAn/shutterstock. Seite 83 Illustration: Tommes. Seite 86 Pixabay. Seite 88 Benedikt Stratmann. Seite 90/91 Illustration Denis Metz; Seiten 92 und 94 Sagenfotos: Karin Hessmann, Hintergrund jeweils Pixabay. Seite 97 Pixabay. Seite 98 Illustration: Derek Pommer. Seite 100 Berna Namoglu/shutterstock. Seite 102 Pixabay. Seite 104 Fotos 1, 2, 5, 7, 8, 9, 11: Everett Collection/shutterstock; Fotos 3,4:chippix/shutterstock; Foto 6: Elzbieta Sekowska/shutterstock; Abbildung 10: lynea/shutterstock

Textquellen

Seite 19: »Sauerland« von Zoff; Text und Musik: Reiner Hänsch

Seite 25: Annette von Droste-Hülshoff, Westfälische Schilderungen, 1841/1842

Seite 26/27: Friedrich Wilhelm Grimme, Das Sauerland und seine Bewohner, Schöningh Verlag, 1886

Seite 27: Heinrich Heine: Deutschland. Ein Wintermärchen, Kapitel 11, 1844

Seite 28/29: daunlots. Internetbeiträge des Christine-Koch-Mundartarchivs am Maschinen- und Heimatmuseum Eslohe, bearbeitet von Peter Bürger, Eslohe 2010

Seite 46: Refrain aus »Die Süße aus dem Sauerland«; Komponist: Christian Bruhn; Autor: Heinz Korn; Interpreten: Andy feat. Bernd, 1990

Seite 77: Friedrich August Alexander Eversmann, Übersicht der Eisen- und Stahl-Erzeugung auf Wasserwerken in den Ländern zwischen Lahn und Lippe, Verlag Mallinckrodt, Dortmund 1804, S. 257

Seite 93: nach Friedrich Albert Groeteken, Die Sagen des Sauerlandes, Verlag Phil. Glade, Schmallenberg 1926

Seite 95: nach Fritz Kühn, Schöne Sagen des Sauerlandes, Heimatverlag Dr. Wagener, Eslohe 1920

Seite 99: Döneken aus »Lebenserinnerungen von älteren Mitbürgern aus Werdohl«, von Hacer Breil

Seite 103: »Zwischenfall auf dem Schützenfest« aus Udo Poetsch, Wahre Fälle eines Sauerländer Amtsrichters, WOLL-Verlag 2014

Michael Martin

Der gebürtige Werdohler Michael Martin arbeitet als Kreativer und Berater in der Marketing- und Werbebranche.
Obwohl er mittlerweile in England lebt, schlägt sein Herz nach wie vor für das Sauerland und die Sprache seiner Heimat.

Sonja Heller

Sonja Heller ist als vielseitige Kreative für diverse Branchen tätig, unter anderem im Verlagswesen.
Für die Mendenerin gibt es mit »Sauerländer. Besser geht's nicht!« erstmals einen sehr persönlichen Bezug zu einem Buch.

Weitere Sauerlandbücher des Autors:

Voll die Bräuche, woll!
Sitten, Unsitten und Traditionen des Sauerlandes. ISBN 978-3-943681-22-2

Schützenfest, woll!
Schützen, Typen, Traditionen.
ISBN 978-3-943681-52-9

Sauerländer Märchenstunde
Spaßmärchen und Lügengeschichten aus dem Land der 1 000 Berge.
ISBN 978-3-943681-30-7

Sauerländer Sagenschätze
Die schönsten Sagen aus dem Land der tausend Berge. ISBN 978-3-9453681-74-1

Fragen Sie Dr. Nürsel
Ihr lustiger Ratgeber für Sauerländisch, die schönste Sprache der Welt.
ISBN 978-3-943681-64-2

Wem hörsse?
Das astreine Wörterbuch für das ganze Sauerland. ISBN 978-3-943681-73-4

Rock 'n' Roll war woanders
Eine Jugend in der Sauerländer Schlagerhölle. ISBN 978-3-943681-468